Crescer em Comunhão
CATEQUESE DE INSPIRAÇÃO CATECUMENAL

Livro do Catequista

2

Célio Reginaldo Calikoski
Débora Regina Pupo
Léo Marcelo Plantes Machado
Maria do Carmo Ezequiel Rollemberg
Virginia Feronato

Petrópolis

© 2002, 2014, 2021, Editora Vozes Ltda.
Rua Frei Luís, 100
25689-900 – Petrópolis, RJ
www.vozes.com.br
Brasil

33ª edição, 2021

5ª reimpressão, 2024.

Todos os direitos reservados. Nenhuma parte desta obra poderá ser reproduzida ou transmitida por qualquer forma e/ou quaisquer meios (eletrônico ou mecânico, incluindo fotocópia e gravação) ou arquivada em qualquer sistema ou banco de dados sem permissão escrita da editora.

Imprimatur

+ José Ant. [assinatura]

Dom José Antonio Peruzzo
Presidente da Comissão Episcopal Pastoral para Animação Bíblico-Catequética – CNBB
Bispo referencial da Animação Bíblico-Catequética no Regional Sul II – CNBB
Arcebispo da Arquidiocese de Curitiba - PR
Agosto de 2021

CONSELHO EDITORIAL

Diretor
Volney J. Berkenbrock

Editores
Aline dos Santos Carneiro
Edrian Josué Pasini
Marilac Loraine Oleniki
Welder Lancieri Marchini

Conselheiros
Elói Dionísio Piva
Francisco Morás
Gilberto Gonçalves Garcia
Ludovico Garmus
Teobaldo Heidemann

Secretário executivo
Leonardo A.R.T. dos Santos

Projeto gráfico: Ana Maria Oleniki
Diagramação: Ana Paula Bocchino Saukio
Capa: Ana Maria Oleniki
Revisão gráfica: Francine Porfirio Ortiz
Revisão teológica: Débora Regina Pupo

ISBN 978-65-571-3236-4

Este livro foi composto e impresso pela Editora Vozes Ltda.

SUMÁRIO

Apresentação, 5

Com a palavra, os autores, 7

BLOCO 1 – DEUS SE MANIFESTA À HUMANIDADE

1. Deus nos fala de muitas maneiras, 19
2. Deus criou o mundo e o entregou ao nosso cuidado, 24
3. Somos irmãos no amor de Deus, 31
4. Deus tem um plano para nos fazer felizes, 37
5. Encontro celebrativo: O plano de amor de Deus e a criação, 42

BLOCO 2 – DEUS FAZ ALIANÇA COM SEU POVO

6. Estabeleço a minha aliança convosco, 49
7. Abraão, deixa a tua terra!, 54
8. Moisés, liberta meu povo!, 58
9. Deus nos prepara para sermos o seu povo, 63

Celebração: Entrega dos mandamentos, 68

BLOCO 3 – DEUS ORIENTA SEU POVO

10. Os mandamentos nos aproximam de Deus, 75
11. Os mandamentos nos aproximam dos irmãos, 80
12. Façam também vocês como eu, 87
13. A vivência da Lei de Deus fortalece a comunidade, 93
14. Encontro celebrativo: O novo mandamento do amor, 98

BLOCO 4 – DEUS NÃO ABANDONA SEU POVO

15 Davi, escolhido para uma grande missão, 107

16 O povo se distancia da Lei de Deus, 112

17 Profetas, vozes da justiça, 117

18 Profetas, vozes da esperança, 122

19 Maria, a mãe do Salvador, 126

20 Encontro celebrativo: Profetas, mensageiros de Deus, 131

LISTA DE SIGLAS E ABREVIATURAS, 137

REFERÊNCIAS, 138

Queridos catequizandos,
Prezados pais e familiares,
Estimados catequistas,

Mais uma vez foi revisada a *Coleção Crescer em Comunhão*. Ela lhes chega com o desejo de acompanhar o caminho de fé de crianças e adolescentes. As páginas em suas mãos trazem textos portadores de preciosos conteúdos catequéticos, expostos com cuidados didáticos e muita sensibilidade pedagógica.

Os autores trabalharam com muita dedicação, tendo os olhos fixos em vocês, queridos catequizandos. Ao escreverem, mantiveram a atenção e a sensibilidade à idade, aos interesses, às necessidades e à linguagem própria de quem pode crescer na fé mediante a educação para o discipulado na catequese. Mas também vocês, queridos catequistas, foram lembrados, tendo reconhecidos suas experiências e o anseio de fazer ecoar a Palavra de Deus.

A vocês, prezados pais e familiares, recordo que, em catequese, nada é tão decisivo quanto o interesse e a participação da família. O testemunho de fé que os catequizandos encontrarem em casa, assim como o entusiasmo pela formação catequética dos filhos, farão com que eles percebam a grandeza do que lhes é oferecido e ensinado.

Agora, pronta a obra, chegou o momento de apresentá-la aos destinatários. É um bom instrumento. É um recurso seguro aos que se entregam à catequese. Mas a experiência de fé vem de outra fonte. Vem do encontro com Jesus Cristo. Por Ele, vale a pena oferecer o melhor. Com Ele, podemos *Crescer em Comunhão*.

Dom José Antonio Peruzzo
Arcebispo da Arquidiocese de Curitiba – PR
Bispo referencial da Animação Bíblico Catequética no Regional Sul II – CNBB
Presidente da Comissão Episcopal Pastoral para Animação Bíblico-Catequética – CNBB

Com a palavra, os autores

Queridos catequistas, com muita alegria apresentamos a Coleção *Crescer em Comunhão – Catequese de inspiração catecumenal*, renovando a esperança e intensificando o desejo de que a Catequese de Iniciação à Vida Cristã possibilite um caminho para despertar, amadurecer e crescer na fé, de acordo com a proposta de Jesus.

A coleção se chama *Crescer em Comunhão,* pois é este o espírito que perpassa a catequese, um permanente crescimento em "comum união" com os catequizandos, com as famílias, com a comunidade eclesial e com Jesus – que é Caminho, Verdade e Vida.

O percurso da Iniciação à Vida Cristã leva em conta a pessoa, o conteúdo, a realidade. É na catequese que deve acontecer a interação mútua e eficaz entre a experiência de vida e a fé. A experiência de vida levanta perguntas que a fé busca responder. A fé propõe a mensagem de Deus e convida a estar em comunhão com Ele, extrapolando toda e qualquer expectativa humana, e a experiência humana é estimulada a abrir-se para essa nova realidade em Jesus.

Para que aconteça de fato a iniciação cristã de forma plena entendemos que alguns aspectos são de enorme importância, assim destacamos que a catequese deve acentuar o primado da Palavra de Deus, envolver a comunidade eclesial, incluir a família e despertar para a dimensão litúrgica.

Desejamos que a catequese seja uma expressão significativa para toda a ação evangelizadora da Igreja e uma das atividades mais fecundas para a renovação das comunidades, capaz de aproximar-se da realidade das pessoas, tornando a Palavra de Deus mais eficaz na experiência cotidiana de cada catequizando e seus familiares.

Sabemos que o melhor manual é o próprio catequista, que dá testemunho de sua fé e as razões de sua esperança em Jesus e em seu Evangelho. Por isso nesta caminhada esperamos que a *Coleção Crescer em Comunhão* possa colaborar na missão de cada catequista de tornar-se verdadeiro discípulo missionário de Jesus.

Nosso reconhecimento e gratidão a todos os catequistas por seu testemunho e entrega ao ministério da catequese como pilar e alimento da fé viva nas comunidades.

Apresentamos a coleção revisada e atualizada com um grande amor à Igreja, na esperança de impulsionar uma nova etapa na vida da catequese e, ao mesmo tempo, na vida de nossas comunidades cristãs, contribuindo com a formação e educação da fé.

COMO ESTÁ ORGANIZADO O MANUAL DO CATEQUISTA

BLOCOS

O livro do catequista é organizado em blocos, um conjunto de temas agrupados sequencialmente para garantir o conhecimento e educação da fé. Cada bloco possui um texto introdutório para apresentar o conjunto de temas nele selecionados. Os temas dos blocos são apresentados por meio de encontros, estruturados da maneira a seguir.

OBJETIVO

É a meta a ser alcançada com o desenvolvimento do tema.

LEITURA ORANTE

É o momento para o catequista se preparar pedindo a iluminação de Deus.

A oração é o combustível para a missão catequética. É nela que encontramos a força para enfrentar os obstáculos, a sabedoria para agir nas diferentes situações. É nela também que encontramos e entramos em comunhão com aquele que é Santo e nos santifica.

A leitura orante levará o catequista a ter intimidade com o tema que será apresentado aos catequizandos em cada encontro. Eis os passos para praticá-la:

- **Leitura atenta do texto:** Este momento é para conhecer e amar a Palavra de Deus. Ler lentamente o texto, saboreando cada palavra ou frase. Ler uma vez, silenciar um pouco, ler uma segunda vez. Fazer um momento de silêncio interior, lembrando o que leu, pois o silêncio prepara o coração para ouvir o que Deus tem a falar.

- **Meditar a Palavra:** Atualizar a Palavra, ligando-a com a vida. Algumas questões auxiliam: O que o texto diz para mim, para nós? Que ensinamento o Senhor quer nos dar?

- **Respondendo a Deus pela oração:** Neste momento nos dirigimos a Deus, nos perguntando: O que o texto me faz dizer a Deus? Pode ser um pedido de perdão, porque a Palavra nos levou ao reconhecimento de que não estamos vivendo fielmente ou cumprindo o que Ele pede. Pode ser um louvor, uma súplica, um agradecimento. A oração deve brotar do coração tocado pela Palavra.

- **Contemplação:** Neste momento relemos o texto e nos colocamos diante da Palavra acolhendo-a em nosso coração e escolhendo uma frase ou palavra que nos ajude a olhar a vida, as pessoas e o mundo como Deus olha. Depois formulamos um compromisso. A Palavra de Deus nos aponta um caminho novo de vida, algo que precisamos mudar.

FUNDAMENTAÇÃO PARA O CATEQUISTA

Trata-se de um texto no qual o catequista encontrará subsídio teórico sobre o tema e o texto bíblico. É o momento de fundamentar-se de modo a estar preparado para o encontro.

O ENCONTRO

Nossa escolha metodológica para o desenvolvimento dos temas nos encontros catequéticos é inspirada no Evangelho de Lucas 24,13-35. Trata-se da passagem que relata a experiência dos "Discípulos de Emaús". O texto aponta para a dimensão da experiência do encontro com Jesus Cristo no caminho, na vida, na Palavra e na celebração. E como esse encontro leva a retomar o caminho e a partilhar com os outros o que se vivenciou, sua finalidade última é despertar para a missão. Os discípulos, ao realizarem uma experiência nova, o encontro com o Ressuscitado, voltaram pelo mesmo caminho, mas com um novo horizonte, tanto para a vida como para a missão.

O encontro está estruturado de forma a ajudar o catequista na sua organização. Para isso é preciso observar os elementos a seguir.

MATERIAIS

Propõe os recursos que o catequista vai precisar para desenvolver o encontro.

PARA INICIAR O ENCONTRO

É o momento de acolhida e apresentação do tema a partir do texto introdutório do livro do catequizando.

CRESCER COM A PALAVRA

Apresenta o texto bíblico com reflexões e ações para o catequizando realizar em grupo ou individualmente.

No decorrer dos encontros catequéticos é fundamental favorecer o encontro pessoal com o Cristo vivo do Evangelho e o aprofundamento constante do compromisso de fé. A catequese não se trata de um simples ensino, mas da transmissão de uma mensagem de vida. A educação da fé sempre supõe transmitir aquela vida que o Cristo nos oferece, principalmente através das vivências que o catequista realiza com os catequizandos e suas famílias.

A catequese deve partir da vida, da realidade, e ser iluminada pela Palavra de Deus. É o momento do anúncio da mensagem e de colocar o catequizando diante de Deus, de confrontá-lo com a fé. Neste confronto, ele próprio descobrirá a ação de Deus Salvador na sua realidade e irá se abrir para uma leitura nova da Palavra de Deus à luz dos acontecimentos.

Sendo a Bíblia o livro da fé, o catequizando e sua família devem ser orientados a realizar o contato diário e desenvolver uma familiaridade profunda com ela. Um elemento importante para isso é a leitura orante da Palavra de Deus no esforço de promover a interação entre o ontem e o hoje, a fé e a vida.

CRESCER NA ORAÇÃO

A dinâmica da oração sempre vai ter relação com o texto bíblico e com o tema do encontro. Ela vai levar o catequizando a refletir sobre o que está estudando.

Os encontros catequéticos precisam ser celebrativos, simbólicos e orantes. O catequista acompanha e conduz catequizandos e famílias para a experiência de fé (cf. DC, n. 113b). Assim, ele deve se preocupar em fazer o catequizando crescer na vida da oração, pela força do Espírito e seguindo o Mestre Jesus.

A oração abrirá espaço para a interiorização e vivência profunda do encontro com Cristo em resposta à Palavra. Favorecerá também a participação litúrgica na comunidade.

CRESCER NO COMPROMISSO

Propõe como compromisso uma ação a ser realizada pelo catequizando sozinho ou com a sua família. Esse compromisso está em sintonia com o tema e com o texto bíblico.

A experiência de fé se traduz em ações concretas de testemunho, em vivência transformadora. As ações propostas em cada encontro ajudam a assimilar, expressar e levar para a vida o que foi refletido. Lembramos que as ações transformadoras são lentas e exigem perseverança.

A espiritualidade do catequista é a atitude de quem mergulha dentro dos fatos para descobrir neles a presença ativa e transformadora da Palavra de Deus, procurando comprometer-se com essa Palavra em sua vida.

COMO ESTÁ ORGANIZADO O MANUAL DO CATEQUIZANDO

O livro do catequizando também está organizado em blocos, tendo um conjunto de temas que ajudam no conhecimento e na educação da fé, sistematizados em encontros. O objetivo dos blocos é articular os conteúdos em torno de uma mesma temática e ajudar o catequizando a perceber as correlações entre eles no processo de sua formação e educação da fé.

O objetivo de todo o processo catequético é levar os catequizandos e suas famílias a um encontro íntimo e pessoal com Jesus Cristo. A realização dos encontros contribui para este processo e necessita de temas organizados sistematicamente numa sequência crescente de conteúdos e ações. Para isso é importante considerar a relação entre: PALAVRA (vida e Palavra), ORAÇÃO (celebração) e COMPROMISSO (ação). Nesta perspectiva o livro do catequizando está estruturado de modo que suas partes sejam interdependentes.

O ENCONTRO

O encontro está estruturado da seguinte forma:

TEXTO INTRODUTÓRIO

Compõe-se de um texto que introduz o tema a ser refletido e rezado no decorrer do encontro.

CRESCER COM A PALAVRA

Deus se comunica conosco mediante sua Palavra, que é sempre atual e atuante na vida. Diante das situações que nos cercam, portanto, precisamos recorrer a ela com atitude de escuta e acolhimento, a fim de discernir o que Deus está nos dizendo, o que Ele quer de nós, para onde quer nos conduzir.

Neste momento do encontro é desenvolvida a relação da vida com a Palavra (texto bíblico) segundo orientações de como fazê-la, assim como de como proceder para favorecer ao catequizando a aprendizagem do conteúdo.

A atitude de escuta diante de Deus e de sua Palavra permite que Ele conduza, com seus ensinamentos, a vida de cada catequizando. Sendo assim, a leitura da Bíblia não pode faltar nos encontros. Na Bíblia estão narrados o encontro e o relacionamento de Deus com a humanidade, com a finalidade de levá-la à comunhão com Ele. A Bíblia narra a entrada de Deus na vida do ser humano, assim como a entrada do ser humano na vida de Deus.

CRESCER NA ORAÇÃO

Momento de promover um diálogo profundo e íntimo com Deus, colocar-se, em silêncio, diante d'Ele para ouvir tudo o que tem a dizer. O modelo de oração que nos inspira é a atitude de Maria diante de Deus: "Faça-se em mim segundo a sua Palavra" (Lc 1,38). A oração nasce da experiência dos problemas e das alegrias reais da vida, levando-nos à comunhão e a um compromisso com Deus.

Sugerimos várias formas de oração: louvor, ação de graças, súplica, pedido de perdão, preces formuladas, cantos, recitação de salmos e versículos bíblicos, ou mesmo de forma espontânea, segundo aquilo que o Espírito Santo sugere a cada um. É necessário que a oração não seja apenas para pedidos individuais, pessoais, mas que se tenha em mente o aspecto comunitário.

CRESCER NO COMPROMISSO

É o momento das reflexões e orientações de como agir de acordo com o tema e o texto bíblico. Neste momento, em muitos casos, as ações propostas são articuladas para que os catequizandos as realizem com seus familiares, pois a catequese será eficaz e atingirá os seus objetivos se acontecer na vida familiar.

A família é e sempre será a primeira escola de fé, porque nela o testemunho dos pais e responsáveis expressa mais que qualquer outra palavra, gesto ou imagem. Não há melhor forma de catequizar do que as atitudes realizadas pelos pais, que são percebidas, entendidas e assimiladas com interesse, curiosidade e amor pelos filhos. A família, com seu testemunho vivo e diário de fé, é a fonte necessária para uma evangelização que vai formando pessoas novas para um mundo novo que exige posturas novas, visando sempre à concretização do Reino de Deus entre nós.

CELEBRAÇÕES DE ENTREGA E ENCONTROS CELEBRATIVOS

Nos manuais da *Coleção Crescer em Comunhão* apresentamos celebrações de entrega e encontros celebrativos.

Tanto as celebrações quanto os encontros celebrativos têm como objetivos aprofundar a mensagem apresentada no decorrer dos encontros e ser uma experiência de iniciação orante dos conteúdos. É um momento no qual catequista e catequizandos se unem a Cristo para louvar, suplicar e escutar a Palavra.

BLOCO 1

DEUS SE MANIFESTA À HUMANIDADE

1 Deus nos fala de muitas maneiras

2 Deus criou o mundo e o entregou ao nosso cuidado

3 Somos irmãos no amor de Deus

4 Deus tem um plano para nos fazer felizes

5 Encontro celebrativo
O plano de amor de Deus e a criação

Deus, para se comunicar com os homens, adotou duas linguagens que se completam mutuamente: a das palavras e a dos gestos ou acontecimentos.

A Sagrada Escritura e a Sagrada Tradição da Igreja afirmam que Deus cria de modo único: só Ele cria a partir do nada, apenas pelo poder da Palavra (cf. Gn 1,1-31). Deus criou todas as coisas não para aumentar a sua glória, mas para manifestá-la e comunicá-la. A criação é realizada por Deus para a felicidade do homem e da mulher que coroam o conjunto da criação, e recebem a responsabilidade de cuidar de todo o Universo. São eles a imagem e semelhança de Deus.

Deus confia a Terra à humanidade, permitindo-nos dar continuidade à obra da criação que caminha rumo à perfeição. Assim, Ele torna os seres humanos "causas inteligentes e livres para completar a obra da Criação, aperfeiçoar sua harmonia para o bem deles e de seus próximos" (CIgC, n. 307).

Nada que foi criado está isolado. Pelo contrário, tudo se complementa e está ordenado à glória de Deus.

> A interdependência das criaturas é querida por Deus. O sol e a lua, o cedro e a pequena flor, a águia e o pardal: as inúmeras diversidades e desigualdades significam que nenhuma criatura se basta a si mesma, que só existem em dependência recíproca, para se completarem mutuamente, a serviço umas das outras. (CIgC, n. 340)

Neste bloco, procure progressivamente fazer com que seus catequizandos percebam a presença do amor de Deus na vida das pessoas, na natureza e nos acontecimentos, ajudando-os a reconhecer que é desta forma que Ele se comunica conosco. Destaque, no decorrer das reflexões, como é possível amar tudo o que foi criado por Deus, descobrindo-se como imagem e semelhança d'Ele, chamados a colaborar na obra da criação e cuidá-la.

DEUS NOS FALA DE MUITAS MANEIRAS

1

Objetivo

Reconhecer que Deus se comunica com o ser humano de muitas maneiras, sempre revelando o seu amor para com todos.

LEITURA ORANTE

- Prepare-se para este encontro rezando o texto: Is 48,16-17.
- Reflita: Você consegue escutar o que Deus fala em sua vida? Como você tem respondido a Deus?
- Finalize sua oração:

Senhor, que eu saiba ouvir seus ensinamentos em minha vida para, assim, ajudar os meus catequizandos e as famílias deles a também ouvirem seus ensinamentos, permanecendo no caminho do bem. Amém!

FUNDAMENTAÇÃO PARA O CATEQUISTA

Há um ditado popular que afirma: "Muitas vezes, um gesto diz mais que palavras". É verdade, embora a principal forma de comunicação humana seja a palavra, os gestos e fatos também fazem parte da nossa linguagem (cf. CR, n. 34).

O próprio Deus, para se comunicar com os seres humanos, usa essas formas que se completam mutuamente, ou seja, a das palavras e a dos gestos ou acontecimentos (cf. DV, n. 2; CR, n. 35). Para isso, Ele utiliza sua "pedagogia divina" e se comunica de forma gradativa com a humanidade. Isso quer dizer que Deus prepara o ser humano por etapas, aos poucos, para que acolha a revelação que faz de si mesmo e que o leva ao encontro da pessoa e missão de Jesus Cristo (cf. CIgC, n. 53). Jesus nos diz: "Eu sou o Caminho, a Verdade e a Vida. Ninguém vai ao Pai senão por mim" (Jo 14,6-7).

Porém, o que Deus quer comunicar? O Catecismo da Igreja Católica, em seu número 52, afirma que Deus:

> (...) quer comunicar sua própria vida divina aos homens, criados livremente por Ele, para fazer deles filhos adotivos. Ao revelar-se, Deus quer tornar os homens capazes de responder-lhe, de conhecê-lo e de amá-lo bem além do que seriam capazes por si mesmos.

Por isso, no desígnio maravilhoso de Deus, o homem e a mulher são convocados a viver em comunhão com Ele, entre si e com toda a criação. O Deus da vida confiou ao ser humano sua obra criadora para que a "cultivasse e guardasse" (Gn 2,15). Jesus conhecia bem o cuidado do Pai pelas suas criaturas (cf. Lc 12,22-31), por isso, enquanto andava pelos caminhos de sua terra, não só se detinha a contemplar a beleza e perfeição da natureza, mas também convidava seus discípulos a reconhecerem a mensagem do Pai escondida nas coisas (cf. Lc 12,24-27; Jo 4,35). Sobre isso, em seu número 470, o Documento de Aparecida afirma: "As criaturas do Pai dão glória com sua existência mesma, e por isso o ser humano deve fazer uso delas com cuidado e delicadeza".

Na encíclica *Laudato Si'*, vemos uma visão global oriunda da tradição judaico-cristã que articula a responsabilidade do ser humano diante da criação, o elo íntimo entre todas as criaturas e o fato de que "o meio ambiente é um bem coletivo, patrimônio de toda a humanidade e responsabilidade de todos" (LS, n. 95). Na Bíblia, segundo a mesma encíclica, "o Deus que liberta e salva é o mesmo que criou o universo. [...] n'Ele se conjugam o carinho e a força" (LS, n. 73).

LEIA PARA APROFUNDAR
- Catecismo da Igreja Católica, números 50 a 100.
- Catequese Renovada, números 33 a 49.
- Carta encíclica *Laudato Si'*, capítulo 2.

O ENCONTRO

MATERIAIS

✓ Bíblia, uma vela, ilustrações de meios de comunicação e flores.

PARA INICIAR O ENCONTRO

- Realize uma conversa sobre os textos iniciais do livro do catequizando. Explore como eles se expressam para manifestar o que sentem quando estão tristes, alegres, tiraram uma nota boa na prova, brincaram com um amigo legal.
- Mencione a comunicação de Deus, destacando a Bíblia como um meio de comunicação entre Deus e o ser humano.

CRESCER COM A PALAVRA

- Comente a diversidade de meios de comunicação. Destaque a conversa e os gestos como comunicações verbais e não verbais, por meio das quais as mensagens, os conhecimentos, a partilha de vida e de fé acontecem.
- Na atividade 1, oriente para que desenhem no livro do catequizando o meio de comunicação do qual mais gostam e justifiquem o porquê.
- Organize o grupo de catequese em um círculo para realizar um bate-papo sobre o que eles conhecem dos meios de comunicação.
- Deixe que falem o que sabem e relatem suas experiências sobre os meios de comunicação.
- Motive-os a falar sobre os diferentes meios que as pessoas utilizam para se comunicar: textos escritos, mensagens ou ligação de celular, internet, entre outras possibilidades. Explore como os catequizandos usam os recursos comunicacionais.
- Oriente para a dinâmica a seguir (telefone sem fio).
  - Explique que falará uma frase para quem está à sua direita, e essa pessoa deverá dizer a mesma frase no ouvido de quem está à direita dela. A frase deve ser sussurrada e não pode ser repetida. Espere que todos tenham passado a frase adiante e conclua solicitando que o último catequizando diga o que ouviu.
- Promova a reflexão sobre a importância da comunicação. Explore a finalidade das informações recebidas, afirmando que a falta de informação pode provocar incompreensões. Comente também sobre as transmissões de informações falsas (*fake news*), que acon-

tecem não só nas mídias, mas nas conversas quando se repassa uma informação sem saber se é verdade ou não. Explore a responsabilidade com o que se fala ou se repete.

- Na atividade 2, solicite que relatem o que aprenderam com a dinâmica.

- Destaque que Deus também quer se comunicar conosco, porém nem sempre percebemos o que Ele nos diz. Procure refletir com os catequizandos quando e por que isso acontece.

- Reflita com os catequizandos sobre Deus se comunicar com o ser humano. Como veremos na Bíblia, no Livro de Isaías, Deus não fala escondido, e sim com clareza para quem quer ouvi-lo. Aproximar-se de Deus é estar atento para ouvir o que Ele nos fala por meio da natureza, dos acontecimentos, da vida das pessoas.

- Motive-os para o acendimento da vela. Enquanto acende a vela, proponha um canto.

- Incentive-os a pedir ajuda a Deus para entender o que Ele quer falar por meio do texto bíblico que será lido. A oração para esse pedido consta também no livro do catequizando:

Senhor Deus, envia sobre nós o Espírito Santo que Jesus prometeu, para nos revelar vosso amor e nos ensinar a praticar a vossa Palavra de vida.

- **Convide-os a acompanhar a leitura do Livro de Isaías 48,16-17.**

- Peça que leiam o texto em suas Bíblias em silêncio. Aguarde. Peça que digam em voz alta uma palavra que mais lhes falou ao coração. Faça com que reflitam: Eu tenho conseguido "escutar" os ensinamentos de Deus na minha vida? Como? Tenho respondido a esses ensinamentos? De que forma?

- Comente que ao longo dos textos bíblicos, do Antigo e Novo Testamentos, Deus vai se comunicando com o ser humano. Retome que Deus fala com clareza para quem quer ouvi-lo. Explore que ao aproximar-se de Deus é preciso atenção para reconhecer os meios pelos quais Ele nos fala: a natureza, os acontecimentos, a vida das pessoas.

- Mencione o que está escrito na introdução do livro dos catequizandos sobre o fato de ser a comunicação a essência de Deus, que se revelou ao ser humano ao longo dos tempos. Destaque as Sagradas Escrituras como o meio e o lugar por excelência desta comunicação divina.

- Realize uma conversa sobre a escuta de Deus na vida dos catequizandos, orientando-se pelas perguntas em seus livros. Lembre-os de que muitas vezes podemos não ouvir o que Deus quer dizer.

- Motive a realização da atividade 3, convidando os catequizandos a completarem o quadro, escrevendo ou desenhando, para expressar o que acontece quando não ouvimos Deus em relação à natureza, aos fatos da vida e às pessoas. Convide a partilharem suas respostas. Depois oriente para que realizem a atividade 4, destacando as notícias que prejudicam e que ajudam as pessoas. Peça para que comparem as respostas buscando identificar o que Deus sinaliza e o que as pessoas podem evitar.

- Promova a partilha dos resultados elaborados pelos catequizandos ajudando-os a perceber que algumas comunicações não estão em sintonia com a proposta de Deus, reveladora de amor ao próximo. Explore as atitudes que os catequizandos elegeram como aquelas que correspondem ao jeito de Deus se comunicar, revelando o amor d'Ele à humanidade.

CRESCER NA ORAÇÃO

- Motive os catequizandos para o momento de oração, dizendo que Deus gosta quando falamos com Ele. Por isso Ele quer ouvir cada um. Destaque que a oração é uma forma de nos comunicarmos com Deus.

- Peça que, em atitude de silêncio, os catequizandos conversem com Deus, dizendo o que está em seus corações.

- Oriente para que elaborem, com suas palavras, a sua oração: agradecendo, louvando, suplicando. Depois escrevam a oração no local indicado em seus livros. Solicite que cada um expresse em voz alta a oração que fez. Após todos compartilharem suas orações, conclua rezando juntos:

Senhor, concedei-nos o entendimento necessário para ouvir os vossos ensinamentos e colocá-los em prática em nossas vidas. Amém!

CRESCER NO COMPROMISSO

- Lembre-os de que Deus nos fala por meio das pessoas.

- Motive-os para que façam a proposta que está no livro do catequizando e registrem como realizarão este gesto.

2 DEUS CRIOU O MUNDO E O ENTREGOU AO NOSSO CUIDADO

> **Objetivo**
> Reconhecer a responsabilidade do ser humano no cuidado com a criação e o direito das gerações futuras de herdarem um planeta sadio para atender às suas necessidades.

LEITURA ORANTE

- Prepare-se para este encontro rezando o texto: Gn 1,1-26.
- Observe no texto bíblico que Deus nos dá a responsabilidade de submeter a "terra" e "governá-la, administrá-la", para completar a obra da criação e aperfeiçoar sua harmonia para o bem comum.
- Medite sobre as palavras "administrar" e "cuidar". Como você tem sido um agente de mudança de atitude para o cuidado da nossa casa comum? Você tem adotado hábitos que ajudam na preservação do ambiente onde vive?
- Reze ao final:
  Deus Pai, criador do céu, da terra e de todos os seres, que eu perceba em toda a criação a sua presença. Peço que sua luz me oriente na busca do cuidado da beleza e integridade da casa comum. Amém!

FUNDAMENTAÇÃO PARA O CATEQUISTA

Algumas questões fazem parte do fundamento da vida humana: De onde viemos? Para onde vamos? Qual é a nossa origem? Qual a nossa meta? De onde vem e para onde vai tudo o que existe?

Para responder a esses questionamentos é muito importante entendermos que "pela fé sabemos que o universo foi criado pela palavra de Deus, de sorte que do invisível teve origem o visível" (Hb 11,3). De acordo com a Sagrada Escritura e a Sagrada Tradição, isso quer dizer que só Deus cria a partir do nada, apenas pelo poder da Palavra. E não podemos esquecer que "o mundo foi criado para a glória de Deus"; não que Ele quisesse aumentar a sua glória, e sim manifestá-la, comunicá-la, partilhá-la. Deus não tem outra razão para criar a não ser por seu amor e sua bondade. Por isso só Ele merece ser adorado, amado de maneira absoluta e total (cf. Dt 6,4).

Nós sabemos pela regra de fé da Igreja que "existe um só Deus" e que Ele fez todas as coisas por si mesmo, isto é, pelo Filho e pelo Espírito Santo. Sendo assim, podemos perceber que a criação é obra da Santíssima Trindade (cf. CIgC, n. 292).

"Tudo foi criado em Cristo, por Cristo e para Cristo" (Cl 1,15). Por isso todo aspecto de verdade, de beleza, de bondade ou de dinamismo encontrado no Universo, nas instituições humanas, nas ciências, nas artes e, particularmente, no ser humano é sinal e meio para preparar nosso caminho para chegar a Cristo. Hoje a cultura revela particular admiração pela natureza. Sem divinizar nem render culto à natureza, como querem alguns, o cristão vê nela um caminho para Deus. A catequese desvela o rosto oculto do Senhor na natureza e em seu autêntico aperfeiçoamento pelos seres humanos através da história. Toma este mundo onde vivemos e, pouco a pouco, à luz da fonte primeira, Cristo Jesus, mostra o maravilhoso desígnio de Deus, o chamado para colaborarmos nessa grande missão.

Deus, em sua grandeza, não somente dá às suas criaturas o existir, mas também a dignidade de agirem elas mesmas, de serem causas e princípios umas das outras e de cooperarem, assim, no cumprimento de seu desígnio. Deus permitiu, portanto, que os seres humanos participassem livremente de sua providência, confiando-lhes a responsabilidade de submeter a "terra" e de "governá-la, administrá-la", dando origem a seres inteligentes e livres para completar a obra da criação, aperfeiçoando sua harmonia para o bem deles e de seus próximos (cf. CIgC, n. 307)

Porém, o que os seres humanos têm feito?

O não entendimento do que implica "dominar", que significa "ajudar a cuidar", somado com o desejo de se ter esse domínio, levou a nos sujeitar a viver em uma terra degradada. Precisamos compreender que Deus, único e verdadeiro dono da terra, entregou-a para nós como herança de filhos, homens e mulheres; como administradores, e não senhores. O sonho de melhorar a condição humana piorou a qualidade de vida, pois o crescimento ilimitado produziu o subdesenvolvimento. Os sistemas vitais foram atingidos, e ocorreu a desintegração do equilíbrio ambiental.

Hoje, quase a totalidade das sociedades está enferma por produzir má qualidade de vida para todos. Somos uma espécie que se mostrou capaz de oprimir e massacrar seus próprios irmãos de forma cruel e sem piedade por meio de guerras, campos de concentração e outras situações, além de degenerar e destruir a base de recursos naturais não renováveis.

Felizmente está ocorrendo uma sensibilização para com o planeta como um todo, surgindo daí novos valores, novos sonhos, novos comportamentos, assumidos por um número cada vez mais crescente de pessoas e comunidades. Torna-se necessário, porém, produzir o suficiente para a atual geração e para os seres dos ecossistemas onde ela se situa; tomar da natureza somente o necessário para a sobrevivência, limitando-se ao que ela pode repor; preservar para as sociedades futuras os recursos naturais de que precisarão.

Na encíclica *Laudato Si'*, temos em destaque que a narração da criação é central para refletir sobre a relação entre o ser humano e as outras criaturas, e sobre como o pecado rompe o equilíbrio de toda a criação no seu conjunto:

> Estas narrações sugerem que a existência humana se baseia sobre três relações fundamentais intimamente ligadas: as relações com Deus, com o próximo e com a terra. Segundo a Bíblia, essas três relações vitais romperam-se não só exteriormente, mas também dentro de nós. Esta ruptura é o pecado. (...)
>
> [Por isso, ainda que nós cristãos algumas vezes interpretemos] de forma incorreta as Escrituras, hoje devemos decididamente rejeitar que, do fato de ser criado à

imagem de Deus e do mandato de dominar a terra, se deduza um domínio absoluto sobre todas as criaturas. (LS, n. 66-67)

Ao ser humano cabe a responsabilidade de "cultivar e guardar o jardim do mundo" (LS, n. 67), sabendo que "o fim último das restantes criaturas não somos nós. Mas todas avançam, juntamente conosco e através de nós, para a meta comum, que é Deus" (LS, n. 83). Entender que o ser humano não é o dono do Universo "não significa igualar todos os seres vivos e tirar do ser humano aquele seu valor peculiar" que o caracteriza; "também não requer uma divinização da terra, que nos privaria da nossa vocação de colaborar com ela e proteger a sua fragilidade" (LS, n. 90). Nesta perspectiva, "todo o encarniçamento contra qualquer criatura "é contrário à dignidade humana" (LS, n. 92), mas "não pode ser autêntico um sentimento de união íntima com os outros seres da natureza, se ao mesmo tempo não houver no coração ternura, compaixão e preocupação pelos seres humanos" (LS, n. 91).

LEIA PARA APROFUNDAR

- PAPA FRANCISCO. *Laudato Si'*: Carta encíclica sobre o cuidado da casa comum. Brasília: Edições CNBB, 2015.

O ENCONTRO

MATERIAIS

- ✓ Bíblia, uma vela, uma cesta com frutas e flores.
- ✓ Imagens da natureza preservada (matas, águas termais, fontes d'água, rios despoluídos...) e imagens que remetam à poluição (destruição da camada de ozônio, efeito estufa, chuva, lixo nas ruas...).

PARA INICIAR O ENCONTRO

- Leia com os catequizandos a introdução do encontro e converse com eles sobre a natureza ser um presente de Deus. Mencione os benefícios desse presente para a vida e sobrevivência do ser humano.

CRESCER COM A PALAVRA

- Peça aos catequizandos que pensem sobre quais foram os elementos da natureza que viram no trajeto de casa até a catequese. Solicite que, na atividade 1, desenhem em seus livros os elementos da natureza que viram: flores, árvores, animais, entre outros.

- Após realizarem a atividade, promova uma partilha e questione: O que vemos nos desenhos? Deixe-os falar espontaneamente e ajude-os a perceber quais são os elementos da natureza observados em seu caminho, quem fez o mesmo caminho e identificou os mesmos elementos, quais são os elementos peculiares, diferentes.

- Comente que tudo o que desenharam e sobre o que conversaram faz parte da natureza. Destaque do livro dos catequizandos que todos os elementos mencionados são coisas criadas por Deus, são o espelho e a expressão de sua bondade e ternura. Todos os seres nos falam de Deus e nos fazem lembrar d'Ele.

- Mencione que Deus criou todas as coisas, mas também nos deu uma tarefa. O texto bíblico que será lido vai nos mostrar qual é a nossa tarefa.

- Motive para o silêncio. Peça para um catequizando acender a vela. Proponha um canto durante o acendimento da vela.

- Solicite que cada catequizando realize em silêncio a sua oração, depois rezem todos juntos:
  Senhor Deus, abra minha mente para compreender vossa vontade (traçar sinal da cruz na testa); meu coração para acolher vosso amor (traçar sinal da cruz no peito); minha boca para anunciar vossa Palavra de vida (traçar sinal da cruz na boca). Amém!

- Oriente que leiam em suas Bíblias, em silêncio: Gn 1,1-26.

- Aguarde que realizem a leitura e, quando todos a terminarem, faça as perguntas:
  - O que Deus quer de nós a partir deste texto bíblico?
  - Estamos cumprindo a vontade de Deus, expressa no texto bíblico?

- Relacione a mensagem do texto bíblico àquilo que o ser humano tem feito com a criação, destacando o texto no livro do catequizando que menciona o fato de Deus deixar suas marcas de amor na natureza. Mencione que ao olharmos para ela, podemos perceber isso. Convide-os a ler e comentar as frases sobre como:

- O mar nos fala da GRANDEZA de Deus.
- O rio fala de VIDA, pois sem água nada pode sobreviver.
- A árvore nos fala de VIDA INTERIOR, daquilo que faz crescer.
- A flor fala da BELEZA de Deus, da sensibilidade e delicadeza. Ela nos ensina que todos temos uma beleza que não é apenas física e que, em nossos relacionamentos, precisamos ser sensíveis e delicados, acolhendo cada um do seu jeito.

- Mencione que o mundo nos foi dado como um presente.

- Converse com os catequizandos se todos gostam de ganhar presentes e como cuidam daqueles que recebem. Explore que existem presentes que precisam de cuidados especiais por serem fáceis de estragar ou quebrar, assim como a natureza que ganhamos de Deus.

- Explique as relações de interdependência entre os elementos da natureza explorando: a flor precisa do sol; o peixe precisa da água; a abelha precisa da flor. Isso tudo fala da harmonia de Deus no mundo. Comente o papel do ser humano em relação a proteger e preservar a natureza.

- Solicite que realizem a atividade 2, completando os quadros sobre o que o ser humano está fazendo e o que deveria fazer. Depois, convide-os a compartilhar o resultado da atividade com o grupo e refletir sobre as perguntas (letras a e b): Conseguiu entender o que Deus quer de nós? Será que estamos cumprindo a vontade de Deus?

- Comente o texto que está no livro do catequizando destacando a necessidade de conhecerem o lugar onde moram e suas particularidades. Explore que as boas atitudes individuais contribuem para ajudar o mundo a ser um lugar melhor e que as más atitudes podem colocar a harmonia, o equilíbrio em risco. Ressalte o compromisso de cada um com as próximas gerações.

- Mencione a necessidade de exercitar diariamente atitudes de respeito à criação.

CRESCER NA ORAÇÃO

- A partir do livro do catequizando, retome a responsabilidade de cada um de melhorar e preservar o mundo onde vivemos. Ressalte a importância de viver e usar corretamente as boas coisas que hoje temos.

- Oriente-os para realizar pedidos individuais de perdão. Motive para que peçam perdão a Deus por atitudes com as quais não ajudaram a cuidar das obras de sua criação.

- Reflita com os catequizandos sobre o texto apresentado em seus livros a respeito de São Francisco de Assis e seu legado de amor à natureza: ao amar as criaturas, ama-se o Criador. Mencione que ele é um santo que nos motiva a valorizar e amar a natureza, a saber louvar o Criador através das criaturas.

- Reze com os catequizandos uma parte do *Cântico das Criaturas*, de São Francisco de Assis que está em seus livros.

CRESCER NO COMPROMISSO

- Lembre-os de que cada um de nós é responsável pelo presente e pelo futuro bem-estar da família humana e dos demais seres vivos. Desperte atitudes de cuidado com o planeta. Uma possibilidade é praticar a separação do lixo.

- Comente que os catequizandos podem convocar os pais para pesquisarem sobre a separação do lixo e juntos descobrirem novos métodos de cuidar e proteger a natureza. Motive-os a fazer dessa experiência uma oportunidade de a família participar da catequese e colaborar no cuidado à obra da criação.

- Depois motive-os a anotar o que decidiram realizar com suas famílias para contribuir com a obra da criação.

LEMBRETE

Solicite para que no próximo encontro os catequizandos tragam fotos suas com seus familiares.

SOMOS IRMÃOS NO AMOR DE DEUS

3

Objetivo

Compreender que o amor de Deus se concretiza no amor que nos faz irmãos.

LEITURA ORANTE

- Prepare-se para este encontro rezando o texto: Gl 3,26-28.
- Reflita: Como você tem vivido esta filiação com Deus? Percebe em você o esforço de levar esta verdade para os catequizandos e seus familiares?
- Reze a oração do Pai-nosso na intenção de que possamos levar a Boa Notícia para que todos tenham vida, enxerguem o futuro com esperança, sendo irmãos no amor de Deus.

FUNDAMENTAÇÃO PARA O CATEQUISTA

Deus não criou o ser humano por acaso, sem finalidade, e sim de maneira intencional, movido pelo amor e pela sabedoria infinita. Por ser criado à imagem de Deus, Ele colocou no coração do ser humano capacidades maravilhosas como o amor. É esta capacidade que o faz semelhante a Deus, que é o amor acima de tudo.

> De todas as criaturas visíveis, só o homem é capaz de conhecer e amar seu Criador. Ele é a única criatura na terra que Deus quis por si mesmo, só ele é chamado a compartilhar, pelo conhecimento e pelo amor, a vida de Deus. Foi para este fim que o homem foi criado e aí reside a razão fundamental de sua dignidade [o de

ser pessoa, gente] (...) ele não é apenas alguma coisa, mas alguém. É capaz de conhecer-se, de possuir-se e de doar-se livremente e entrar em comunhão com outras pessoas, e é chamado pela graça a uma aliança com seu Criador, e oferecer-lhe uma resposta de fé e de amor que ninguém mais pode dar em seu lugar. (CIgC, n. 225, 357)

Bendizemos a Deus pela dignidade da pessoa humana criada à sua imagem e semelhança. Ele nos criou livres e nos fez sujeitos de direitos e deveres em meio à criação. Agradecemos a Ele por nos ter associado ao aperfeiçoamento do mundo, dando-nos inteligência e capacidade para amar; e lhe agradecemos a dignidade, que recebemos também como tarefa que devemos proteger, cultivar e promover. Bendizemos a Deus pelo dom da fé que nos permite viver em aliança com Ele até o momento de compartilhar a vida eterna. Bendizemos a Deus por nos fazer suas filhas e filhos em Cristo, por nos haver redimido com o preço de seu sangue e pelo relacionamento permanente que estabelece conosco, que é fonte de dignidade absoluta, inegociável e inviolável. (DAp, n. 104)

O ser humano vai se aperfeiçoando, se assemelhando a Deus no decorrer da sua vida, assim como vai desenvolvendo sua vida corporal e espiritual. No decorrer de seu desenvolvimento, ele se reconhece como um ser relacional que precisa dos outros para descobrir quem é. Nesse processo aprende a reconhecer que as diferenças pertencem ao plano de Deus, que deseja que cada um receba do outro aquilo que precisa; que aqueles com talentos específicos comuniquem os seus benefícios a quem precisa. Por esse motivo, os talentos não são distribuídos de maneira igual. Assim, pode-se afirmar que a rica variedade das pessoas, das culturas e dos povos nos garante que todos os seres humanos são verdadeiramente irmãos (cf. CIgC, n. 361, 1936, 1937).

LEIA PARA APROFUNDAR
- Catecismo da Igreja Católica, números 41, 302 e 355 a 384.

O ENCONTRO

MATERIAIS

- ✓ Bíblia, uma vela e flores.
- ✓ Imagens (fotos/ilustrações) de pessoas de diferentes etnias.
- ✓ Caixa com espelho no fundo.
- ✓ Selecione notícias divulgadas em jornais, internet, rádios e afins para serem utilizadas na atividade 1.

PARA INICIAR O ENCONTRO

- Apresente aos catequizandos o título do encontro e explore o que compreendem por "ser irmãos no amor de Deus".

- Pegue a "caixinha" com o espelho e diga aos catequizandos que dentro dela existe a maior obra da criação de Deus. Combine com eles da seguinte forma: quando abrirem a caixinha, não poderão contar o que viram e deverão permanecer em silêncio. Depois de todos olharem a "caixa", explore a questão de ela apresentar a "imagem e semelhança de Deus" e lembre-se de dizer que isso está além da aparência física. É preciso ser "imagem e semelhança" nas atitudes, no comportamento, seguindo os ensinamentos de Jesus, principalmente aqueles de amor, respeito, bondade e justiça.

- Converse sobre o texto introdutório em seus livros mencionando o que significa ser à imagem e semelhança de Deus, associando com expressões e comportamentos que sejam manifestações dessa semelhança.

CRESCER COM A PALAVRA

- Lembre-os de que, de todas as criaturas, apenas o homem e a mulher são parecidos com Deus, capazes de amar e de ser amados, porque Deus é amor. Jesus ensinou que Deus é nosso Pai. Ele quer nos reunir como irmãos que se amam e se respeitam.

- Comente o sonho de Deus, que é todos viverem no amor. Explore o texto do livro do catequizando, mencionando a intolerância e indiferença que geram todo tipo de violência. Reforce a importância de praticar o respeito às diferenças, fazendo o que Jesus ensinou: acolher a todos sem distinção, sem preconceito.

- Motive para o acendimento da vela, com um canto conhecido.
- Convide para a oração do Pai-nosso, que nos iguala como irmãos, filhos do mesmo Pai, preparando-os para acolher a mensagem do texto bíblico.
- Convide para a leitura do texto bíblico: Gl 3,26-28.
- Faça um instante de silêncio depois da leitura, dizendo ao grupo que assim ouvimos o que Deus diz ao nosso coração.
- Com a ajuda das questões que estão no livro do catequizando, converse sobre o sentido do texto lido. Lembre-se, não é um estudo, é para escutar o que Deus tem a dizer a cada um, conhecer sua vontade e aprender a viver melhor a sua Palavra!
- Convide-os a observar as imagens (ilustrações/fotos) de pessoas para que possam responder: "Como são tratadas as diferenças entre as pessoas nos aspectos físicos, sociais, culturais e étnicos?". Aproveite para fazer uma abordagem adequada à idade sobre as diferenças entre as pessoas e o preconceito que existe no mundo.
- Explorando o texto do livro do catequizando, converse sobre a necessidade de respeitarmos as diferenças entre as pessoas; de alegrar-nos com o progresso e as vitórias de nossos colegas; de caminharmos juntos na prática do bem.
- Reflita com os catequizandos sobre o fato de que, sendo filhos de Deus, somos irmãos que devem cuidar uns dos outros, pois irmão é para ser amado, protegido, respeitado, valorizado. Destaque que essa forma de agir é necessária em relação a todo o planeta. Depois questione: É isso o que está acontecendo?
- Converse com os catequizandos sobre as questões do texto em seus livros, mencionando o comportamento existente nas famílias: de irmãos que se amam; do respeito e acolhimento esperados da grande família de filhos de Deus. Explore com os catequizandos que também é preciso cuidar e preservar as pessoas, pois são parte da obra da criação.
- Na atividade 1, apresente as notícias divulgadas em jornais, internet, rádios e afins destacando que às vezes elas mostram fatos cujas causas as pessoas nem sempre percebem. Motive para que o grupo

observe as notícias boas e as notícias ruins para depois responder às questões em seus livros.

- Na atividade 2, forme grupos com os catequizandos para que conversem sobre as suas respostas. Depois promova uma reflexão com os grupos. As principais ideias ou frases devem ser anotadas por um catequizando para que, ao final, todos usem essas anotações para produzir juntos um texto coletivo do grupo da catequese. Oriente para que anotem o texto em seus livros como memória do que aprenderam juntos.

- Comente o texto do livro do catequizando reforçando a ideia de uma cultura de paz no mundo. Sugira que os catequizandos deem exemplos de situações que envolvam: como a violência e a injustiça podem ser combatidas; como as pessoas podem dominar a si mesmas controlando seus impulsos.

- Ajude-os a reconhecer quando falam sem pensar e geram conflitos na família, no grupo de amigos. Reflitam juntos sobre o que é ser egoísta e como se pode mudar isso pensando em si, no próximo e na sociedade antes de tomar decisões ou agir. Leve-os a perceber que há necessidade de olhar as suas ações e os impactos que elas podem causar na vida das pessoas. Cite exemplos de sua realidade para ilustrar essas situações (sem mencionar nomes).

- Destaque que é pensando como família de Deus que seremos capazes de viver os direitos e deveres que colocam a todos nós como iguais, manifestando desse modo sermos todos irmãos. Quando pensamos assim, nos tornamos capazes de construir uma cultura de paz, que significa compreender e colocar em prática o amor fraterno, o respeito pela liberdade do outro de se expressar, a união, a simplicidade, a justiça e todos os valores que Jesus nos ensinou serem importantes para vivermos como irmãos.

- Conclua este momento retomando:
  - Deus nos ama e deseja que todos os seus filhos se queiram bem.
  - Como irmãos, devemos: amar uns aos outros; acolher bem os que nos procuram; respeitar as diferenças entre as pessoas; alegrar-nos com o progresso e as vitórias de nossos colegas; caminhar juntos na prática do bem.
  - É junto com os outros que somos mais humanos, mais completos. É com os outros que vamos descobrindo quem somos.

- Deus, em seu plano de amor, quer que cada um receba do outro aquilo de que precisa, e que aqueles que dispõem de "talentos" específicos comuniquem os seus benefícios àqueles que deles precisam.

CRESCER NA ORAÇÃO

- Organize os catequizandos em três grupos e peça para que realizem o primeiro momento da oração em seus livros, solicitando que:
    - Leiam a oração dos três grupos, em silêncio. Depois peça para que meditem o que cada palavra quer dizer, na parte da oração destinada ao seu grupo.
    - Oriente para realizarem a oração de seu grupo.
- Depois desse primeiro momento, convide-os a se reunir e rezar todos juntos a continuidade da oração em seus livros.

CRESCER NO COMPROMISSO

- Motive os catequizandos a assumirem o compromisso de se relacionar melhor em casa (com seus irmãos, pais e demais familiares), procurando ser verdadeiros irmãos para com os outros, reconhecendo-os como filhos de Deus.
- Oriente-os a escrever seu compromisso e como irá realizá-lo.

Anotações

DEUS TEM UM PLANO PARA NOS FAZER FELIZES

4

Objetivo

Reconhecer que fazemos parte do plano de Deus, e que Ele deseja que vivamos em plena comunhão na sua presença.

LEITURA ORANTE

- Prepare-se para este encontro rezando o texto: Gn 17,7.
- Deus promete estar sempre presente em nossas vidas.
- Reflita: Quais são os momentos marcantes de sua história pessoal com Deus?
- Pense e cante silenciosamente o refrão de uma música que lhe faz sentir a presença de Deus em sua vida. Cante algumas vezes saboreando cada palavra.
- Conclua com uma oração espontânea a Deus agradecendo por estar sempre com você e por ter um projeto para que todos sejam felizes.

FUNDAMENTAÇÃO PARA O CATEQUISTA

A criação das coisas visíveis e invisíveis, do mundo e dos anjos, é o princípio da História da Salvação. Deus criou o mundo e o homem para poder se doar, fazendo-os gratuitamente participar de sua vida e felicidade. Por isso, o plano de nossa salvação tem início na criação: todos os homens são criados em vista do apelo que Deus lhes faz em Cristo para entrar em seu Reino. (CR, n. 177)

Nós somos amor. Deus nos criou para vivermos livremente em sua presença, partilharmos de sua graça, cultivarmos o amor fraterno e gerarmos comunhão entre nós, seres humanos, e de nós com a natureza por Ele criada. Na comunhão entre nós, com tudo o que foi criado e com Deus, encontramos o sentido de nossa existência. Porém nem sempre retribuímos esse amor... Sentimos em nós fortes tendências ao egoísmo, ao individualismo e à falta de comunhão. Se Deus é amor, quem se opõe ao amor coloca-se distante d'Ele e não pode comungar de sua graça. O pecado gera o sofrimento e a tristeza humanos (cf. GS, n. 13).

Se homens e mulheres decidiram afastar-se de Deus por sua livre vontade, Deus, por sua vez, jamais desistiu de amar e veio diversas vezes ao encontro da humanidade para fazer acontecer a comunhão por Ele almejada quando da criação. Assim, Deus escolheu um povo para com Ele crescer em comunhão de amor. Chamou Abraão, Moisés, os profetas e todo o povo a permanecer em sua presença, fazendo com eles uma aliança: "Andarei no meio de vós, e serei o vosso Deus, e vós sereis o meu povo" (Lv 26,12). No entanto, a plenitude do plano do Pai é a presença de Jesus, seu Filho, entre nós.

Em Cristo, Deus Pai nos escolheu e nos predestinou para sermos seus filhos adotivos, conforme a benevolência de sua vontade (cf. Ef 1,4-6). Assim, somos chamados a participar do Reino de Deus, instaurado por Jesus Cristo e do qual a Igreja é testemunha, sinal e instrumento.

É verdade que ainda não temos a plena comunhão de amor sonhada por Deus, mas, se permanecermos na graça d'Ele poderemos crescer no amor "até que todos cheguemos à unidade da fé e do pleno conhecimento do Filho de Deus, ao estado de homem feito, à medida da estatura da plenitude de Cristo" (Ef 4,13). Então, enfim, "no seu Reino ninguém mais vai sofrer, ninguém mais vai chorar, ninguém mais vai ficar triste" (CONGREGAÇÃO PARA O CULTO DIVINO, Oração Eucarística para missas com crianças III, p. 1039), pois "Cristo será tudo em todos" (Cl 3,11).

O ENCONTRO

MATERIAIS

- ✓ Bíblia, uma vela e flores.
- ✓ Folhas de papel em branco.

PARA INICIAR O ENCONTRO

- Converse com os catequizandos sobre o que é ter um plano para ser feliz, perguntando se os pais ou responsáveis fazem planos para o futuro deles. Ouça os comentários e, por fim, comente que Deus, como Pai amoroso e desejoso da felicidade de seus filhos, também tem um plano para sermos felizes.

CRESCER COM A PALAVRA

- Comente que na Sagrada Escritura encontra-se a história do plano de amor de Deus à humanidade. Destaque que este plano está descrito na Bíblia e para concretizá-lo Deus precisa de colaboradores. Por isso, em diferentes épocas e lugares, Ele chamou pessoas para ajudá-lo; e hoje continua chamando todos nós para que a promessa de vida plena de amor, paz e felicidade se concretize.

- Proponha um canto de aclamação à Palavra de Deus. Realize o acendimento da vela durante o canto.

- Motive para o silêncio. Passe a Bíblia de mão em mão entre os catequizandos. Oriente para que, neste momento, cada um que receber a Bíblia faça uma pequena oração silenciosa pedindo as luzes do Espírito Santo para compreender sua leitura.

- Solicite que acompanhem em suas Bíblias a leitura: Gn 17,7.

- Após a leitura, oriente que fiquem em silêncio e, em seguida, releiam o texto. Depois motive para que realizem a atividade 1, escrevendo uma palavra que representa a ideia do que foi lido no texto bíblico.

- Peça para que cada catequizando leia a palavra que escreveu e explique o que ela significa. Após cada um ler e explicar sua palavra, todos a repetem.

- Para ajudar os catequizandos a compreederem o que é ter uma história em que muitos colaboraram, proponha a seguinte atividade:
  - Divida os catequizandos em equipes de cinco integrantes. Cada catequizando do grupo receberá um número de 1 a 5. A atividade consiste em continuar a história. Para isso, explique o seguinte:
    - Cada equipe receberá uma folha em branco com o início de uma história. Os catequizandos que receberem o número 1 continuarão a história escrevendo na folha em branco. Após um minuto, o catequista fará um sinal combinado e todos devem parar e passar a folha para quem recebeu o número 2, que continuará escrevendo a história até o tempo de um minuto. E assim sucessivamente até o catequizando que recebeu o número 5. Mencione que não é necessário o último de cada equipe terminar a história, pode-se deixar como está ao fim do seu minuto de escrita.
    - A história para dar continuidade é a seguinte: "João morava próximo da casa de Pedro. Os dois ainda não se conheciam, porque Pedro havia se mudado para o bairro recentemente, junto com sua família. Mas um dia...".
  - Ao final, cada equipe lê aos demais o que escreveu. Motive para que falem sobre as histórias que escreveram.
- Comente que cada um de nós escreveu um pouco, na mesma folha, para cada história, de cada grupo, ter continuidade. Cada um de nós deu sua contribuição. Ela teve o mesmo início para todos. Assim também é com o povo de Deus, que tem uma história na qual muitos colaboraram.
- Reflita com os catequizandos: "A Palavra de Deus passou de mão em mão. Se alguém não quisesse pegar a Palavra de Deus, ou quisesse segurá-la só para si, o que aconteceria? Isso nos mostra que todos contribuímos para a continuidade da história do povo de Deus. E por isso Deus precisa de colaboradores".
- Explore com os catequizandos o texto em seus livros sobre o povo de Deus ter uma história na qual muitos colaboraram e sobre o compromisso de Deus de ser nosso companheiro fiel no decorrer da história. Comente que Deus acompanha seu povo na história, mesmo nos momentos difíceis.

- ✝ Converse sobre como o povo hebreu foi chamado a preparar a vinda de Jesus Cristo, e sobre como nós igualmente somos chamados a dar uma resposta consciente e livre para Deus, que nos convida a construir seu Reino. Ele nos chama a buscar a felicidade para a qual fomos criados.

- ✝ Explore a pergunta a respeito da confiança, presente no livro do catequizando, e reflita sobre como é possível demonstrá-la. Fale da confiança do povo em Deus e de sua fidelidade. Mencione a fragilidade do ser humano, que nem sempre é fiel a Deus.

- ✝ Destaque que Deus nos oferece uma vida de plena alegria e paz. Explore que Ele confia que responderemos ao seu chamado de cooperarmos para a realização de sua promessa.

CRESCER NA ORAÇÃO

- Destaque que Deus nos anima a continuarmos a nossa história com Ele, a sermos continuadores da história do seu povo. Depois, oriente e motive o momento de oração proposto no livro do catequizando.

CRESCER NO COMPROMISSO

- Converse com os catequizandos sobre como podem assumir o compromisso de serem "ajudantes de Deus". Incentive-os a completar em seus livros os propósitos que efetivamente podem realizar, dando alguns exemplos, se necessário.

Anotações

5 — O PLANO DE AMOR DE DEUS E A CRIAÇÃO

Encontro celebrativo

Objetivo

Reconhecer na criação o projeto de amor de Deus para todos e assumir o compromisso de cuidar dela.

LEITURA ORANTE

- Prepare-se para a celebração com a leitura orante do texto: Mt 13,31-33.

- Reflita: Deus nos revela coisas que estão escondidas desde a criação do mundo, conforme consentimos que o seu plano de amor se estabeleça no nosso coração. Assim, podemos ver o plano de amor de Deus como uma semente pequenina que vai crescendo e se tornando uma grande árvore capaz de abrigar os pássaros, isto é, pessoas que vêm e fazem moradas em seus ramos.

- Em seu plano para nós, Deus quer que o seu amor possa agir nos nossos corações e se manifestar por meio das coisas criadas para a nossa felicidade.

- O que você tem feito para ajudar na realização do plano de Deus?

- Conclua sua oração:

  Deus Pai, que eu possa usar meus dons para anunciar todas as maravilhas de sua criação e ensinar outros a viverem o seu plano de amor. Amém.

FUNDAMENTAÇÃO PARA O CATEQUISTA

No Evangelho de Mateus, que vamos ler nesta celebração, temos duas parábolas. A intenção fundamental de Jesus é salientar a presença pouco percebida do Reino de Deus no mundo, porém real, efetiva e em processo de crescimento.

O grão de mostarda semeado e o fermento na massa são expressões do Reino de Deus, do plano de amor de Deus realmente presente no mundo, na sua dimensão de humildade e simplicidade. A presença de Deus não ocorre como afirmação de poder, sendo percebida na transformação dos corações e das relações pessoais, no amor e na justiça, fundamentos do mundo novo querido por Deus Pai.

Na atualidade, vemos a idolatria do dinheiro e sua capacidade destrutiva. Jesus nos desperta para percebermos a presença do Reino nas multidões dos filhos de Deus, empobrecidos e excluídos, tanto nas suas adversidades e privações quanto em suas alegrias e esperanças, nas quais o amor, como fermento na massa, está presente.

Deus criou o mundo pensando na nossa felicidade e no nosso bem-estar. Ele nos presenteou com um mundo maravilhoso de paz, alegria, amor e abundância. Desde o primeiro sopro de vida, podemos contemplar Deus e a perfeição de sua obra com uma perspectiva plena da sua divindade. Deus nos ama tanto que fez um presente maravilhoso antes de nos criar: um mundo repleto de perfeição e amor.

A CELEBRAÇÃO

PREPARANDO A CELEBRAÇÃO

✓ Prepare uma mesa onde ficará a Bíblia em um suporte, ladeada por vasos de flores e uma vela. Disponibilize um mural com figuras/desenhos da criação: água, terra, plantas, animais, sol, estrelas, lua, homens, mulheres e crianças. Disponha as figuras de maneira harmoniosa, com alguns espaços para desenhos dos catequizandos.

ACOLHIDA

Catequista: Como é bom nos reunirmos para celebrar o plano de amor de Deus a todos nós! Colocando-nos diante de nosso Deus, iniciemos: Em nome do Pai e do Filho e do Espírito Santo.

Todos: Amém.

Catequista: Deus criou tudo o que existe para o nosso bem. Criou a água, as plantas, as flores que dão frutos e enfeitam a vida. Criou as pessoas que ajudam a promover vida. Glorifiquemos a Deus por tudo o que Ele criou para o nosso bem. Quando vemos o céu, a lua, as estrelas, nós dizemos:

Todos: Senhor, nosso Deus, como sois grande!

Catequista: Quando vemos os pássaros, as árvores, os animais, dizemos com alegria:

Todos: Senhor, nosso Deus, como sois grande!

Catequista: Quando pensamos que criastes cada um de nós e entregastes vossas obras nas nossas mãos para delas cuidarmos, dizemos:

Todos: Senhor, nosso Deus, como sois grande!

Catequista: No princípio, antes que tudo existisse, Deus criou o céu e a terra, os animais e as plantas. E Deus viu que tudo era muito bom, e quis chamar para a vida alguém que fosse parecido com Ele: a pessoa humana.

ATO PENITENCIAL

Catequista: Deus ama cada um de nós como um filho predileto, e se há uma coisa que Deus não faz é deixar de amar. Mas Ele não nos obriga a amá-lo, porque ninguém pode amar por obrigação. Deus nos ama e tem um projeto de amor para nós, mas esse projeto depende do nosso "sim"; se não quisermos, o projeto de Deus não se realiza em nós.

Catequizando 1: Deus criador, pelas vezes que maltratamos a natureza, nós pedimos:

Todos: Tem misericórdia de nós, Senhor!

Catequizando 2: Deus criador, pelas vezes que desrespeitamos as pessoas, nós pedimos:

Todos: Tem misericórdia de nós, Senhor!

Catequizando 3: Deus criador, pelas vezes que não nos importamos com a criação e com tuas criaturas, prejudicando teu projeto de amor, pedimos:

Todos: Tem misericórdia de nós, Senhor!

PROCLAMAÇÃO DA PALAVRA

Catequista: Não há nada no mundo que não seja obra de Deus. Ele criou o céu e a terra, os animais, as plantas e os seres humanos; Ele sonhou um mundo de irmãos, de amor, de justiça e de paz. Jesus chamou de Reino de Deus a realização desse sonho. E mesmo sem precisar de nossa ajuda, Deus conta conosco para realizar seu projeto.

Canto

Leitor: Proclamação do Evangelho de Jesus Cristo segundo Mateus 13,31-33.

Leitor: Palavra da Salvação.

Todos: Glória a vós, Senhor.

REFLEXÃO SOBRE A PALAVRA

Catequista: O mundo onde vivemos é a casa que Deus preparou para nós. E nesse mundo devemos realizar o projeto d'Ele. Que atitudes ajudam a construir o Reino de Deus? Quais atitudes devemos ter para ajudar na construção do projeto de Deus?

Todas as nossas atitudes e gestos contribuem com o plano de amor de Deus. Só depende de nós! Nossa missão é ajudar a realizar esse plano: somos colaboradores do Reino de Deus. Sempre que ouvimos o que Deus nos diz, buscando compreender e fazer a sua vontade, estamos fazendo nossa parte para tornar o Reino de Deus presente no mundo. Somos chamados a descobrir a força de Deus nas coisas da vida, a ajudar as pessoas a descobrirem quem é Jesus. Deus quer nossa participação para fazer crescer o Reino entre nós.

ORAÇÃO

Catequizando 1: Deus de amor, que estás presente em todo o Universo e na menor de tuas criaturas, envolve com a tua ternura tudo o que existe, derrama em nós a força do teu amor, para que cuidemos da vida e da beleza.

Catequizando 2: Ajudai-nos a proteger o mundo, e não o depredar, para que semeemos beleza, e não destruição.

Catequizando 3: Ensinai-nos a descobrir o valor de cada coisa, a contemplar com encanto, a reconhecer que estamos profundamente unidos a todas as criaturas no nosso caminho para a tua luz infinita.

Catequista: Como irmãos que constroem juntos o Reino de Deus, vamos nos dar as mãos e dizer:

Todos: Pai nosso, que estais nos céus...

Anotações

BLOCO 2

DEUS FAZ ALIANÇA COM SEU POVO

6 Estabeleço minha aliança convosco

7 Abraão, deixa a tua terra!

8 Moisés, liberta meu povo!

9 Deus nos prepara para sermos o seu povo

Celebração
Entrega dos mandamentos

O povo de Deus tem sua história assinalada por acontecimentos e personagens. Deus aproximou-se da humanidade para fazer-se conhecer e para guiá-la segundo seu plano de amor.

Encontramos na Sagrada Escritura o desenrolar da história do povo de Deus e de sua ação nela. Encontramos, também, as ações daqueles que foram chamados pelo Senhor, que se tornaram personagens importantes para que o povo descobrisse Deus e percebesse sua missão no mundo.

A Bíblia narra que Deus quis fazer um pacto de amor e fidelidade com seu povo. As alianças entre Deus e o povo expressam o seu amor pelo ser humano. Nos próximos encontros serão apresentadas as alianças estabelecidas entre Deus e o povo da Bíblia por meio de Noé, Abraão e Moisés. Com eles refletiremos sobre a fé e a obediência ao Senhor e entenderemos a mensagem libertadora de Cristo Jesus.

Neste bloco procure promover a reflexão de modo que os catequizandos percebam os convites que Deus faz através dos fatos da vida. Possibilite que aprendam que ter fé em Deus é contar com Ele quando tudo vai bem e na hora das dificuldades; que ter fé é ajudar os outros a caminharem na vida. Nos encaminhamentos das narrativas da história do povo de Deus, leve os catequizandos a perceberem que Deus sempre é fiel e nunca nos abandona, pois caminha conosco realizando sucessivas alianças, assim como fez com as pessoas fiéis da Bíblia: Noé, Abraão e Moisés.

ESTABELEÇO A MINHA ALIANÇA CONVOSCO

6

Objetivo

Identificar na aliança de Deus com a humanidade uma atitude de bondade e uma relação de diálogo com Ele no seguimento de sua Palavra.

LEITURA ORANTE

- Prepare-se para este encontro rezando o texto: Gn 9,8-17.

- Reflita: Deus agiu na vida de Adão, Noé, Abraão e Moisés, realizando uma aliança e deixando um sinal para que seu acordo não fosse esquecido. Quantas vezes o Senhor agiu do mesmo modo em sua vida? Como Deus tem se revelado a você, em sua vida de catequista?

- Conclua sua oração:

    Senhor Deus, vós que revelastes o teu amor, a tua graça, a tua vontade à humanidade, permita que eu viva fielmente na tua amizade mantendo a aliança por meio do compromisso com teu plano de amor. Amém.

FUNDAMENTAÇÃO PARA O CATEQUISTA

Nos casamentos, os noivos trocam alianças como sinal do acordo firmado, comprometendo-se em viver o amor e a fidelidade. Deus também gosta de fazer acordos com o seu povo: desde o princípio, Ele se comunicou e revelou o seu amor, a sua graça e a sua vontade, pedindo a fidelidade aos seus mandamentos.

Vejamos algumas alianças de Deus com o povo:

- A criação, apesar de não receber o nome de aliança, foi a primeira manifestação do amor de Deus para com a humanidade. Deus ofereceu tudo o que foi criado ao homem e à mulher (Gn 1,28ss). Já no princípio, no entanto, percebemos o que seria uma marca da História da Salvação: apesar da benevolência de Deus, o ser humano nem sempre seria fiel no cumprimento do seu papel. Já no início, Adão e Eva romperam com o projeto de Deus e, desde então, a história humana foi marcada pelo pecado (Gn 3).

- Deus fez uma aliança com Noé, permitindo que os seus filhos formassem as nações do mundo e prometendo não mais devastar a terra com o dilúvio (Gn 9,8-17).

- No Livro do Gênesis, Abraão se comprometeu em guardar a aliança, recebendo a promessa de ser pai de uma multidão de nações (Gn 17,1-14).

- Deus estabeleceu uma aliança com Moisés. Pediu a observância de suas leis (Dez Mandamentos) e prometeu ter o seu povo como nação escolhida: "Agora se realmente ouvirdes minha voz e guardardes a minha aliança, sereis para mim a porção escolhida entre todos os povos" (Ex 19,5).

Duas ideias muito importantes devem ficar claras quando tratamos da aliança e das histórias dos grandes personagens da Bíblia. A primeira é que, na relação de diálogo entre Deus e as pessoas, Deus sempre toma a iniciativa e deseja mostrar o seu amor e a sua vontade para que elas sejam felizes. Ele está do nosso lado e se compromete com a nossa vida. Sempre podemos estar abertos ao diálogo e à amizade com Deus, pois essa é a base de qualquer aliança divina. A segunda é que a aliança é um dom e uma tarefa. Ao mesmo tempo que a aliança revela a iniciativa e a bênção divina, exige de cada um de nós o esforço de cumprir aquilo que Deus nos propõe.

O ENCONTRO

MATERIAIS

✓ Bíblia, uma vela e algumas flores.

✓ Duas alianças (podem ser ilustrações).

PARA INICIAR O ENCONTRO

- Inicie o assunto perguntando aos catequizandos se já fizeram algum acordo com alguém. Comente os acordos que fazemos com as pessoas – com os pais, com o catequista, com os amigos. Explore se é fácil ou difícil cumprir os acordos e por que é importante ser fiel ao que assumimos.

- Explique que um acordo é um compromisso entre as pessoas, no qual cada uma deve fazer a sua parte. Deus fez muitos acordos com seu povo, que chamamos de "alianças". Para fazer essas alianças, Ele vem ao encontro do povo e diz qual é a sua vontade, pois Deus é nosso amigo e nos quer felizes.
- Esclareça que essas alianças estão condicionadas ao "sim" que as pessoas podem responder ou não, pois Deus não nos obriga a aceitá-las. Ao aceitá-las, contudo, Ele espera fidelidade, ou seja, que cumpramos a nossa parte no acordo.

CRESCER COM A PALAVRA

- Mostre o par de alianças (ou a imagem delas) fazendo perguntas que elucidem o significado delas, explorando quem as usa e quando são usadas. Conduza as perguntas de modo que os catequizandos declarem que o par de alianças é sinal do relacionamento entre homem e mulher através do matrimônio, sinal de um acordo de amor e fidelidade entre eles.
- Oriente para o acendimento da vela. Enquanto se acende a vela, proponha um canto.
- Motive a leitura: Gn 9,8-17.
- Na atividade 1, peça que escrevam nos seus livros qual foi a aliança que Deus fez com Noé. Dê tempo para que realizem a tarefa, depois solicite que cada um diga em voz alta o que escreveu.
- Comente que Noé se esforçou para fazer aquilo que Deus pediu. Reflita com os catequizandos sobre como podem realizar a vontade de Deus. Oriente-os para registrar a resposta em seus livros, na atividade 2.
- Oriente a realização da seguinte dinâmica:
  - O objetivo da dinâmica é que os catequizandos passem de um lado para outro da sala superando os obstáculos, mas de modo ordenado, com paciência, havendo respeito por todos os membros do grupo. Este objetivo deverá ser mencionado somente no final da dinâmica.
  - Antes de dar início à dinâmica, crie obstáculos pelo meio da sala usando mesas, cadeiras e outros objetos que dificultem a circulação e a passagem de um lado ao outro. Feito isso, libere os catequizandos para a realização da atividade, dizendo novamente a ordem.

- Peça aos catequizandos para se colocarem no fundo da sala ocupando toda a parede. Solicite que prestem atenção para que a seguinte ordem seja rigorosamente respeitada: "Deverão procurar, como grupo, atingir o outro lado da sala, da forma mais rápida e eficiente possível".

- Depois da primeira tentativa do grupo, se não conseguirem manter a ordem e o respeito a todos, diga que a orientação não foi cumprida e peça que refaçam o caminho. Repita a orientação várias vezes, pedindo sempre que mantenham o silêncio.

- Considere a tarefa cumprida quando julgar que o grupo se aproximou do objetivo, alcançando o outro lado de modo ordenado, com paciência, havendo respeito por todos os membros.

✝ Faça perguntas sobre tudo o que observaram e sentiram durante a dinâmica:

- Foi fácil cumprir a orientação?
- O que ajudou? O que atrapalhou?
- Houve desistência no meio do caminho?

✝ Relacione a experiência com os compromissos assumidos no dia a dia e pergunte: Somos fiéis em nossos compromissos e tarefas na escola, em casa, na Igreja...?

✝ Comente com os catequizandos associando ao que está proposto no livro deles:

- Na Bíblia lemos sobre as alianças que Deus faz com seu povo – com Noé, com Abraão, com Moisés. Nela também encontramos o registro de que o povo não foi fiel e afastou-se de Deus. Para se reaproximar, Deus envia pessoas, como os profetas Josué e Jeremias, para anunciar uma nova aliança, que se cumpre no Novo Testamento.

- Destaque o fato de que Deus sempre cumpriu a sua promessa nas alianças, fez a parte d'Ele, mas o povo não foi fiel ao que devia fazer. Nem sempre as pessoas obedecem ou são unidas o suficiente para fazer o que Deus pede. Mencione que, embora o povo muitas vezes tenha sido infiel, Deus não o abandona, buscando resgatá-lo e libertá-lo daquilo que não traz felicidade.

- Reforce que a aliança, que sempre é iniciativa de Deus, é uma relação de diálogo entre Ele e a humanidade. Comente que Deus nos propõe alianças porque nos ama e quer o nosso bem, deseja estar ao nosso lado e compromete-se com a nossa vida. Destaque que este compromisso está na base de todas as alianças firmadas por Deus.

- Explore o texto no livro do catequizando comentando o que é aliança: dom e bênção de Deus; tarefa porque exige de nós esforço para cumprir aquilo que Ele propõe. Ressalte que Deus fez com Noé uma aliança eterna entre Ele e todos os seres vivos (cf. Gn 9,16).

- Esclareça que depois da Nova e Eterna Aliança realizada em Jesus Cristo, na qual ofereceu a sua própria vida pela nossa salvação, não é necessário outro acordo entre Deus e a humanidade. Destaque que para manter essa aliança é preciso fazer a nossa parte, ou seja, oferecer também a nossa vida a Deus, agindo de acordo com os ensinamentos de Jesus, sempre fazendo o bem e ajudando aqueles que mais necessitam.

CRESCER NA ORAÇÃO

- Motive-os para um momento de silêncio e observação do símbolo usado neste encontro (as alianças). Mencione que Deus sempre nos pede fidelidade.

- Retome as informações abordadas durante o encontro, de que Deus fez alianças com Noé, Abraão, Moisés..., e fez uma NOVA e ETERNA ALIANÇA em Jesus Cristo, cuja vida foi oferecida por todos nós. Assim, depois de Jesus, não é necessária outra aliança.

- Incentive-os a pensar: O que o texto bíblico deste encontro e as reflexões que fizemos nos levam a conversar com Deus?

- Oriente para que cada catequizando faça a sua oração pessoal silenciosamente. Depois solicite que façam preces espontâneas.

- Conduza para a oração final presente em seus livros, rezando juntos.

CRESCER NO COMPROMISSO

- Proponha que cada catequizando pense em uma aliança que faria com Deus.

- Peça que tragam por escrito no próximo encontro a proposta como sugestão para que a turma de catequese, em consenso, a assuma como compromisso em favor de alguém ou da comunidade.

7 ABRAÃO, DEIXA A TUA TERRA!

Objetivo

Reconhecer na história de Abraão o convite que Deus nos faz para assumirmos a vocação de sermos parte do povo d'Ele.

LEITURA ORANTE

- Prepare-se para este encontro rezando o texto: Gn 12,1-8.
- Reflita: Deus, grande amigo de Abraão, fez com ele um pacto de aliança. Como você percebe esta aliança entre nós e nosso Deus? Sou alguém capaz de ser uma bênção para minha família e para as pessoas que vivem ao meu redor? Na sociedade em que vivemos, quem são Abraão e Sara hoje?
- Reze:
  Protege-me, ó Deus; em ti, me refugio. Eu digo ao Senhor: "És tu o meu Senhor, fora de ti não tenho bem algum" (Sl 16(15),1-2).

FUNDAMENTAÇÃO PARA O CATEQUISTA

Deus, levado por seu grande amor, fala aos homens e às mulheres como a amigos e os convida à comunhão com Ele. A resposta que damos a esse amor é a fé (cf. ClgC, n. 142).

Pela fé, submetemo-nos completamente à vontade de Deus, obedecendo-o livremente. Dessa obediência, Abraão é o modelo que a Sagrada Escritura nos propõe (cf. ClgC, n. 144): "Foi pela fé que Abraão, respondendo ao chamado, obedeceu e partiu para uma terra que devia receber como herança, e partiu sem saber para onde ia (Hb 11,8)".

Aqui começa a História da Salvação. Falar dela é falar da nossa própria história, é vivenciar a história de vida de cada um dos chamados por Deus para peregrinar em busca da Terra Prometida.

Deus não envolveu Abraão por nenhum mérito especial ou porque era um homem bom. Deus é que havia decidido pôr em ação seu plano de salvação. Busca o homem comum, na situação em que está. Aceita-o simplesmente. E aqui começa a história de Abraão.

O chamado de Abraão contém os seguintes elementos: uma ordem e uma promessa às quais Abraão responde não só com palavras, mas com fatos e, sobretudo, com uma fé a toda prova.

O ENCONTRO

MATERIAIS

- ✓ Uma estrada feita em cartolina ou em papel Kraft para ilustrar o caminho de Abraão e sua família. Colocar no chão, junto a uma Bíblia, os materiais para fazer o cartaz com a genealogia de Abraão até os doze filhos de Jacó.

PARA INICIAR O ENCONTRO

- Comente o que é deixar a sua terra e apresente Abraão aos catequizandos, explicando que neste encontro irão entender o motivo pelo qual Deus o chamou para ajudá-lo.

CRESCER COM A PALAVRA

- Motive para o acendimento da vela. Enquanto acende a vela, proponha um canto.

- Peça que um catequizando faça a leitura do Livro do Gênesis 12,1-8.

- Solicite que os catequizandos leiam novamente o texto da Bíblia. Depois pode-se cantar o refrão de um canto, várias vezes, de um modo bem suave.

- Reflita sobre as perguntas no livro do catequizando: Por que Abraão saiu da terra onde morava? Qual foi a promessa que Deus fez a Abraão?

- ✝ Motive para que realizem a atividade 1, sobre o CHAMADO e a RESPOSTA. Antes de iniciarem, dê alguns exemplos de situações que podem acontecer nas famílias. Pergunte, por exemplo, quantas pessoas do grupo de catequese já se mudaram de casa, de cidade, de escola... Peça que relatem como foi essa experiência. Deixe que falem livremente.

- ✝ Compare as respostas dos catequizandos sobre as mudanças em suas vidas com a história de Abraão, um homem que saiu de sua terra e, por sua confiança em Deus, recebeu d'Ele uma promessa e bênção.

- ✝ Comente a história de Abraão e o início do povo de Israel, procurando ligá-los com a vida: "Nós também somos chamados por Deus e, para respondê-lo, é preciso perceber sua presença nos fatos da vida e segui-la".

- ✝ Comente com os catequizandos:

  - Deus pede para Abraão deixar tudo, ao que Abraão obedece sem nenhuma observação. Em compensação ao seu pedido exigente, Deus deixa entrever uma promessa: um grande povo descenderia de Abraão, mostrando que o impossível para o homem é possível para Deus.

  - Deus escolhe Abraão para uma missão pessoal, mas com alcance comunitário: é um serviço.

  - Pela fé, Abraão viveu como estrangeiro e como peregrino na Terra Prometida. Pela fé, Sara recebeu a graça de conceber o filho da promessa (Gn 11,17; 18,10-14). Pela fé, finalmente, Abraão ofereceu seu único filho, Isaac, em sacrifício (Gn 22,1-1). Graças a essa "fé poderosa" (Rm 4,20), Abraão tornou-se "o pai de todos os crentes" (CIgC, n. 145-146).

  - Com Abraão, Deus dá o primeiro passo para a formação do povo de Israel através do seu chamado.

- ✝ Organize em um cartaz coletivo a árvore genealógica dos patriarcas: Abraão e Sara geraram Isaac; com Rebeca, Isaac gerou Esaú e Jacó, que teve doze filhos. É importante aos catequizandos compreenderem a família numerosa prometida por Deus a Abraão. Antes, porém, pode-se trabalhar a genealogia da família dos catequizandos.

CRESCER NA ORAÇÃO

- Seguindo o livro do catequizando, promova e conduza o momento da oração pedindo a Deus para nos ajudar a nos manter fiéis a Ele.

CRESCER NO COMPROMISSO

- Comente que muitas pessoas, assim como Abraão, precisaram migrar em busca de uma vida melhor, de oportunidades novas.

- Oriente que escolham um momento com sua família e façam orações espontâneas na intenção de que Deus possa, com sua presença, conduzir essas pessoas no caminho do bem.

- Motive os catequizandos a refletirem sobre atitudes que podem assumir para acolher melhor as propostas de Deus em suas vidas.

Anotações

8 MOISÉS, LIBERTA MEU POVO!

> **Objetivo**
> Perceber que Deus escolhe pessoas para ajudá-lo a mostrar o caminho de libertação e salvação a seu povo, e como relacionar-se com Ele e com a humanidade.

LEITURA ORANTE

- Prepare-se para este encontro rezando o texto: Ex 3,1-20.

- Leia o texto bíblico com atenção aos detalhes, percebendo que Deus nunca abandona os seus filhos em meio à dor, ao sofrimento humano, à opressão. Ele encontra formas de ajudar. A esperança de que Deus caminha conosco deve se manter viva em nós.

- Faça algumas preces espontâneas, pedindo ao Senhor que dê coragem para enfrentar os sofrimentos e ajudar as pessoas que necessitam.

- Ao encerrar sua oração, medite: Deus vê a miséria do seu povo, conhece as suas angústias e não fica alheio aos seus sofrimentos, mas Ele precisa das pessoas para ajudá-lo a construir um mundo livre. O que você pode fazer neste sentido? Que compromisso vai assumir?

FUNDAMENTAÇÃO PARA O CATEQUISTA

Sempre em busca de melhores condições de vida, o povo de Israel, também chamado hebreu (a palavra vem de *hapiru*, que quer dizer "o resto do povo, os mais pobres"), descendente de Abraão, retirou-se para o Egito, ocupando a região do delta do Rio Nilo, onde o rio se divide em vários braços para desaguar no Mar Mediterrâneo, no norte do Egito. Esta região era rica e produtiva. Nela, os hebreus tornaram-se objeto de exploração por parte dos governos egípcios. Foi uma época de profundo sofrimento. O Livro do Êxodo nos mostra essa aflição (Ex 1,8-12 e 22,11-15).

Foi neste ambiente que Moisés nasceu. Ele, porém, cresceu em circunstâncias diferentes. Era filho de hebreus, mas foi criado pelo faraó (Ex 2,1-10) – justamente o faraó, que queria aniquilar o povo de Deus, preparou em sua casa o libertador deste povo (Ex 2,1-10). A Bíblia diz que a primeira escolha de Moisés em favor do povo hebreu foi assumir, já adulto, um fato: presenciou um soldado egípcio maltratando um hebreu e, comovido, matou o agressor (Ex 2,11-14).

Por medo de represálias, Moisés fugiu da corte do faraó, mas não pôde fugir de sua vocação. A passagem da sarça ardente (Ex 3,1-6) conta como Moisés recebeu a graça da experiência divina no Monte Sinai. Deus se manifestou a ele. Quem é esse Deus que apareceu a Moisés? Em Ex 3,6.15, encontramos: "Eu sou o Deus de teu pai, o Deus de Abraão, o Deus de Isaac, o Deus de Jacó". É o mesmo Deus dos antepassados.

Ao se revelar, Deus não é como os outros deuses. Tem voz, pronunciou o nome de Moisés (Ex 3,1-6); tem rosto (Ex 3,6), ou seja, tem identidade. Não é um ídolo sem personalidade. Pelo contrário, o Deus do Monte Sinai conheceu os sentimentos dos homens. É um Deus que ouve o clamor e desce para partilhar dos sofrimentos humanos (Ex 3,7); é, portanto, um Deus pessoal.

Para seu projeto de libertação, Deus precisa da colaboração humana. Escolhe Moisés: "Eu te envio ao Faraó para que tires do Egito meu povo, os filhos de Israel" (Ex 3,10).

O ENCONTRO

MATERIAIS

- ✓ Bíblia, uma vela e algumas flores.
- ✓ Ilustrações de jogos de futebol, recortes feitos em cartolina de um cajado e um par de sandálias.

PARA INICIAR O ENCONTRO

- Mencione o que é a escravidão. Questione-os sobre situações de escravidão que acontecem ainda hoje, envolvendo crianças e pessoas pobres – aproprie-se de informações divulgadas nas mídias.

- Leia com os catequizandos o texto introdutório e convide-os a observar a imagem. Depois converse sobre a fidelidade de Deus ao seu povo, desde a primeira aliança. Pelo desejo de que o seu povo seja feliz, Deus convida Moisés para ajudá-lo na missão de libertá-lo.

CRESCER COM A PALAVRA

- Explore que toda tarefa requer organização. Para entenderem o que isso significa, peça aos catequizandos que escrevam em seus livros os elementos necessários para a realização de um jogo de futebol. Permita que os catequizandos leiam o que escreveram.

- Comente as responsabilidades de cada um em um jogo de futebol. Destaque o trabalho do técnico, líder do time, como alguém com o papel fundamental de preparar os jogadores, conhecer as habilidades deles e saber escalar aqueles que poderão ajudar seu time a ganhar cada partida. Destaque que o papel desse líder não é exercido somente quando o time ganha, mas também quando perde. Nesses casos, como líder, deve incentivar todos a se prepararem melhor para o próximo jogo.

- Mencione que, como no jogo de futebol, nós também precisamos de pessoas que nos ajudem e nos orientem em nossa casa, na escola, na catequese. Na história do povo hebreu igualmente houve um grande líder, Moisés, que ajudou o povo a se libertar da escravidão, do poder do faraó, e se organizar.

- Explore o texto do livro do catequizando mencionando que, depois da morte de Abraão, Deus continuou cuidando de seu povo e renovando aos seus descendentes a promessa feita. A missão que Deus confiou a Moisés era muito difícil, e Moisés sentiu medo ao cumpri-la, mas não se deixou vencer e confiou em Deus, enfrentou a situação e preparou o povo para o grande dia da libertação da escravidão que sofria no Egito. Assim, os hebreus saíram do Egito guiados por Moisés, que os conduziu e organizou.

- Motive para o acendimento da vela. Enquanto se acende a vela, realize um canto.

- ✝ Peça que um catequizando leia o texto: Ex 3,1-20.
- ✝ Motive que cada um, espontaneamente, faça a leitura de um versículo que lhe chamou mais atenção.
- ✝ Na atividade 2, solicite que escrevam no livro uma frase ou palavra do texto bíblico.
- ✝ Reflita com os catequizandos sobre as perguntas no livro deles:
  - Como Moisés, precisamos de uma experiência profunda com Deus. Você se identifica com Moisés?
  - Você também se sente escolhido e enviado para uma missão?
  - Como sente a presença de Deus em seu caminho?
- ✝ Comente com os catequizandos:
  - Apesar de todas as dificuldades, Deus traz a libertação com a ajuda de Moisés. Este êxodo, isto é, esta libertação tem grande importância: os hebreus, até então escravos, tornaram-se um povo; o povo de Deus.
  - A História da Salvação apresenta como memorial a celebração da Páscoa. Na verdade, a Páscoa era uma festa primaveril que consistia na imolação de um animal "macho, sem defeito e de um ano" (Ex 12,5). Mas aquele rito ganhou significado diferente na noite que os hebreus saíram do Egito. O sangue do cordeiro sobre o umbral das portas (Ex 12,7.22-23) salvou do extermínio os filhos dos judeus.
  - Esse memorial da Páscoa, passagem da escravidão do Egito para a libertação, foi celebrado durante toda a história de Israel. Quando o próprio Jesus celebrava com seus apóstolos a Última Ceia, Ele transformou o rito da Antiga Aliança no memorial da Nova Aliança, o rito da Eucaristia (Lc 22,19-20).

CRESCER NA ORAÇÃO

- Solicite que os catequizandos se posicionem ao redor dos símbolos preparados para este encontro. Em silêncio, peça que observem cada símbolo.
- Fale lentamente: "Moisés conversou com Deus diante de uma árvore que queimava. Nós temos algo que Moisés ainda não tinha: podemos falar com o próprio Cristo".

- Oriente-os a apresentar para Cristo tudo aquilo que nos escraviza e pedir que Ele ajude a nos libertar de tudo o que atrapalha as nossas vidas. Dê tempo para os catequizandos se expressarem.
- Conclua dizendo que Moisés recebeu a missão de libertar o povo de Deus da escravidão no Egito. Motive-os a pedir a Deus coragem e sabedoria para ajudar a libertar as pessoas de tudo o que as deixa prisioneiras – dinheiro, moda, ganância, excesso de vaidade e outros. Incentive-os a rezar pedindo a Deus a coragem para que, a exemplo de Moisés que se colocou a seu serviço para ajudar as pessoas, nós também possamos ajudar aqueles que sofrem em nossas realidades: na família, escola, comunidade.
- Conduza para rezarem juntos a oração em seus livros.

CRESCER NO COMPROMISSO

- Reflita com os catequizandos sobre cada um ser convidado a fazer o papel de Moisés, ou seja, a contribuir para evitar que as pessoas sofram qualquer opressão. Assim, ajude-os a encontrar uma maneira de lutar contra o que escraviza e oprime o ser humano, como egoísmo, ganância, inveja, mentira, moda, apego ao dinheiro, excesso de vaidade e outras coisas que fazem parte da realidade dos catequizandos.
- Oriente que cada catequizando escolha apenas uma das maneiras refletidas, escreva-a num papel e procure exercitá-la durante a semana. Lembre-os de que, embora o compromisso seja proposto para a semana, deve-se vivenciá-lo ao longo da vida, como um propósito de atitudes a serem praticadas.

DEUS NOS PREPARA PARA SERMOS O SEU POVO

9

Objetivo

Compreender que a Lei de Deus é sinal do seu amor pelos seres humanos e ajuda para que vivam a verdadeira liberdade.

LEITURA ORANTE

- Prepare-se para este encontro rezando o texto: Ex 20,1-17.

- Reflita: Os mandamentos, entregues por Deus a Moisés no deserto, mostram como deve ser a relação dos seres humanos entre si e com Deus. Nada fica de fora. Em cada um dos mandamentos, tudo o que impede que as pessoas vivam sua dignidade de filhas de Deus é condenado. A Lei de Deus é caminho para o verdadeiro amor. Que lugar ocupam os mandamentos em sua vida? Você tem percebido os mandamentos de Deus presentes em sua vida, em seu coração?

- Conclua com a oração:

    Senhor fazei o meu coração semelhante ao vosso. Ajudai-me a descobrir a tua Lei presente em minha própria vida. Fazei com que a cada dia minhas atitudes testemunhem que os teus caminhos são garantia de felicidade verdadeira. Amém!

FUNDAMENTAÇÃO PARA O CATEQUISTA

A Lei de Deus está inscrita no coração de cada pessoa. Fomos criados por Ele e nossa vida consiste em buscá-lo e encontrá-lo sempre. Deus deixou em nós suas marcas para que possamos governar a nós mesmos no caminho do bem. Ao mesmo tempo, Ele nos acompanha com sua graça para auxiliar que nossas escolhas levem à liberdade e felicidade verdadeiras.

Conhecer a Lei de Deus significa entender a essência da vida, o ser humano em sua dignidade e o mundo em seu equilíbrio natural. Mas para que o ser humano pudesse compreender a revelação da Lei de Deus, da sua vontade, houve uma preparação que começou com o povo da Bíblia, com quem Deus fez uma aliança entregando a Moisés, no Monte Sinai, os Dez Mandamentos. Essa aliança estabelecida no Antigo Testamento foi uma prefiguração daquela que seria a Nova e Eterna Aliança realizada na cruz por Jesus.

Nos Dez Mandamentos o povo conheceu a vontade de Deus. Por isso, durante muitos séculos, esta Lei esteve acima de profetas e reis do povo de Israel. Esses mandamentos continuam válidos e sempre o serão, pois descrevem como deve ser a vida do cristão. Nesse sentido, é importante que os Dez Mandamentos sejam conhecidos e guardados no coração de catequistas e catequizandos como caminho de vida.

O povo, até então escravo no Egito, foi liberto por Deus com a promessa da Terra Prometida. Para alcançá-la, porém, foi preciso caminhar 40 anos pelo deserto; 40 anos de uma vida difícil, enfrentando muitas necessidades (Ex 15,22.27; 16 e 17). Durante esse tempo, Deus renova o compromisso da aliança, iniciada em Abraão, com seu povo; e seu povo assume livremente o compromisso de reconhecer como única autoridade o próprio Deus: "Eu serei o vosso Deus e vós sereis meu povo" (cf. Ex 19,5-6; Lv 26,12). Em consequência, Israel se torna povo sacerdotal, ou seja, pode se comunicar com Deus sem intermediários. Esta aliança faz nascer uma ligação nova entre Deus e o povo: é um grande gesto de amizade!

O ENCONTRO

MATERIAIS

- Bíblia, uma vela e algumas flores.
- Em uma cartolina, desenhar e recortar um coração.
- Pedaços de papelão para fazer as tábuas dos Dez Mandamentos.
- Tesoura, cola, pincel atômico ou canetinhas e música instrumental.

PARA INICIAR O ENCONTRO

- Leia com o grupo a introdução do tema e diga que neste encontro irão descobrir o que são os Dez Mandamentos, entregues por Deus a Moisés.

CRESCER COM A PALAVRA

- Converse sobre os sinais de trânsito. O que significam? Quais conhecem?
- Reflita sobre os sinais de trânsito representarem leis conhecidas no mundo inteiro para a segurança nas estradas e nas cidades.
- Oriente a realização da atividade 1. Motive para que escrevam ou desenhem no livro alguns sinais de trânsito que acham mais importantes para evitar acidentes e ajudar na convivência entre as pessoas.
- Solicite para que compartilhem o resultado da atividade. Conversem sobre a importância desses sinais para a convivência entre as pessoas, para que todos possam transitar sem riscos. Destaque que para isso acontecer é preciso que cada um respeite e use corretamente esses sinais.
- Explique aos catequizandos que as leis não são produzidas somente pelas pessoas; Deus também elaborou leis que se tornaram conhecidas como os Dez Mandamentos.
- Convide-os a ler juntos o texto em seus livros e destaque: a preocupação de Moisés diante da revolta do povo por causa das dificuldades e da demora em chegar à Terra Prometida; por que Moisés subiu o Monte Sinai; o que Moisés descobriu em sua conversa com Deus (uma aliança de Deus com todo o seu povo).
- Motive para o acendimento da vela. Enquanto a vela é acesa, proponha um canto.
- Faça com os catequizandos a leitura de Ex 20,1-17.
- Medite as palavras do texto por algum tempo, em silêncio.
- Esclareça que essas leis entregues por Deus ao seu povo que saiu da escravidão do Egito e iniciou sua caminhada para a Terra Prometida, orientado por Moisés, tinham e ainda têm por objetivo oferecer segurança e ajudar a defender a vida de todos.

- Comente que as leis de Deus são caminhos para o verdadeiro amor. Explore como uma lei pode ser caminho para viver o amor a si próprio, ao próximo e a Deus.
- Mencione que o mundo somente será feliz se as pessoas obedecerem à Lei de Deus e a carregarem no coração.
- Na sequência, convide-os a confeccionar com os materiais disponíveis as Tábuas da Lei, ou seja, os Dez Mandamentos.
- Peça para que, juntos, colem as Tábuas da Lei que confeccionaram no coração de cartolina, previamente preparado. Para esse momento, coloque uma música instrumental.
- Diga aos catequizandos que no coração de cada um de nós está presente esta mesma Lei. Nosso desejo de amar, sermos felizes e ajudar as pessoas é a maior prova disso.
- Comente com os catequizandos:
  - Deus apresenta os Dez Mandamentos, que indicam as condições de uma vida liberta da escravidão do pecado. Se cumprirmos os mandamentos, não cometeremos pecado. Por isso o Decálogo é apresentado como um caminho de vida: "Se amares teu Deus, se andares em seus caminhos, se observares seus mandamentos, suas leis e seus costumes, viverás e te multiplicarás" (Dt 30,16).
  - Os Dez Mandamentos enunciam as exigências do amor a Deus e ao próximo. Normalmente, nas Tábuas da Lei, temos a numeração de I a III em uma delas e a numeração de IV a X na outra. Isso significa que os três primeiros mandamentos definem como deve ser o relacionamento do povo com Deus. Os outros sete mostram como há de ser uma nova maneira de viver em relação a si mesmo, aos outros, à sociedade e ao Universo criado. Entretanto, não há dúvida de que o Decálogo forma um todo.
- Solicite que os catequizandos relatem alguns acontecimentos que ocorrem no mundo porque as pessoas não seguem os mandamentos de Deus. Ajude-os, se necessário, falando das situações de guerras, brigas, roubos, violência, exclusão...
- Convide os catequizandos a realizarem a atividade 2, orientando para que, em duplas, conversem sobre o lugar dos mandamentos em suas vidas. Depois motive-os a completar a atividade 3 solicitando para que procurem identificar de que maneira os mandamentos estão presentes em suas vidas, em seus corações.

Oriente para que escrevam palavras que expressem como seguem os mandamentos, demonstrando-os em suas atitudes.

CRESCER NA ORAÇÃO

- Reflita com os catequizandos o texto em seus livros e convide-os a agradecer a Ele pelos mandamentos como expressão de cuidado e do seu amor por nós.
- Conduza a oração e motive-os a, espontaneamente, agradecer a Deus o seu grande amor por todas as pessoas.

CRESCER NO COMPROMISSO

- Destaque que nas dificuldades podemos ficar desanimados ou pedir a ajuda de Deus. Motive os catequizandos a refletirem sobre o que podem fazer nesta semana, a partir do que aprenderam no encontro. Oriente-os a pensar sobre como podem assumir um compromisso para viver melhor os mandamentos em suas vidas.

Anotações

Celebração

ENTREGA DOS MANDAMENTOS

Objetivo

Celebrar os mandamentos como sinais que nos conduzem nos caminhos do bem e nos fazem ser melhores para nós mesmos e para os outros com quem convivemos.

LEITURA ORANTE

- Leia e medite atentamente os Dez Mandamentos.

  1.º Amar a Deus sobre todas as coisas.
  2.º Não tomar seu santo nome em vão.
  3.º Guardar domingos e festas de guarda.
  4.º Honrar pai e mãe.
  5.º Não matar.
  6.º Não pecar contra a castidade.
  7.º Não roubar.
  8.º Não levantar falso testemunho.
  9.º Não desejar a mulher do próximo.
  10.º Não cobiçar as coisas alheias.

- Que importância têm os mandamentos em sua vida?

- Em que aspecto você precisa melhorar para viver em conformidade com os mandamentos da Lei de Deus?

- Coloque tudo isso em sua oração.

- Conclua sua oração com parte do Salmo 119(118):

  Felizes os que procedem com retidão, os que caminham na Lei do Senhor. Felizes os que guardam seus testemunhos e o procuram de todo o coração. Não cometem iniquidade, andam por seus caminhos. Promulgaste teus preceitos para serem observados fielmente. Sejam seguros meus caminhos para eu guardar os teus estatutos.

FUNDAMENTAÇÃO PARA O CATEQUISTA

A lembrança que Israel conserva da aliança de Deus com seu povo, estabelecida no deserto no Monte Sinai, é uma tradição santa. As condições desta aliança, os Dez Mandamentos, escritos em duas tábuas de pedra, conservadas na Arca da Aliança, comprometem Israel para sempre. Com efeito, o povo de Israel compreendeu bem que os mandamentos que Deus lhes deu são fundados no amor.

O Decálogo, com as suas dez palavras de amor, são dez indicações concretas para que sejamos capazes de sair do deserto do nosso "eu", fechados em nós mesmos, para entrar em diálogo com Deus, deixando-nos abraçar por sua misericórdia. Seguir os Dez Mandamentos significa que devemos ser fiéis a nós mesmos, à nossa natureza mais autêntica, e caminhar rumo à liberdade genuína que Jesus ensinou.

Ao prepararmos e realizarmos a celebração de entrega dos mandamentos queremos destacar a importância que a Lei de Deus deve ter na vida de cada catequizando e de sua família. Os mandamentos da Lei de Deus fazem parte do tesouro da Igreja, e nesta celebração a comunidade quer entregá-los aos catequizandos como tesouros que indicam a caminhada cristã, como marcos que indicam o caminho do bem viver na família, na comunidade e na sociedade.

A CELEBRAÇÃO

- Incentive para que, antes da celebração na comunidade, os catequizandos conversem com seus familiares sobre o texto em seus livros:
  - Para vocês, qual é a importância dos mandamentos, da Lei de Deus, em nossas vidas?

PREPARANDO A CELEBRAÇÃO

- Prepare para cada catequizando um pequeno cartão com os Dez Mandamentos.
- Organize uma mesa com toalha branca, sobre a qual serão colocados os cartões.

Orientações

- Motive as famílias para que participem desta celebração.
- Crie a expectativa desta entrega entre os catequizandos. Seria importante realizar um encontro para explicar o sentido da celebração. Reflita com os catequizandos os mandamentos, não como leis, mas como um caminho a ser percorrido para a harmonia plena de todos. Aproxime os mandamentos da realidade em que vivem os catequizandos. Use a Leitura Orante da Palavra de Deus para fazer com que todos experimentem a mesma alegria de Moisés e do povo hebreu, de modo a dar um sentido mais concreto para a celebração de entrega da Lei de Deus.

RITOS INICIAIS

Procissão de entrada

Acolhida

Animador: Queridos catequizandos e familiares, hoje estamos felizes porque ao redor da mesa da Palavra e da Eucaristia celebramos a alegria de estarmos no caminho proposto por nosso Deus. Nos Dez Mandamentos, o povo conheceu a vontade de Deus. Por isso, durante muitos séculos, esta Lei esteve acima de profetas e reis do povo de Israel. Estes mandamentos continuam válidos, e sempre o serão, pois descrevem como deve ser a vida do cristão. Nesse sentido, é importante que os mandamentos sejam conhecidos e guardados no coração dos catequizandos como caminho de vida.

Segue a liturgia do dia até as preces da assembleia.

Preces da assembleia

Confiantes no infinito amor misericordioso que Deus tem por cada um de nós, elevemos nossas preces e digamos juntos:

Todos: Senhor, escutai a nossa prece.

- PELA IGREJA DE DEUS NO MUNDO, o papa, os bispos, o clero, religiosos, religiosas, que receberam do Senhor a missão de anunciá-lo a todos os povos, para que cumpram sempre fielmente a missão e não percam a coragem de testemunhar Cristo e vivenciar os mandamentos da Lei de Deus, diante das dificuldades do mundo, rezemos ao Senhor.

- POR TODOS OS CRISTÃOS LEIGOS E LEIGAS que dedicam suas vidas aos trabalhos pastorais, para que, pela vivência dos mandamentos da Lei de Deus, estejam mais próximos daqueles que mais necessitam, rezemos ao Senhor.
- PELOS CATEQUISTAS que, pela vivência do Batismo, testemunham com obras e palavras a missão de Jesus Cristo e os mandamentos da Lei de Deus, para que sejam fortalecidos na fé e assim possam colaborar no processo de Iniciação à Vida Cristã, rezemos ao Senhor.
- PELAS FAMÍLIAS, que são um espaço rico e fecundo celeiro da fé, para que, através do empenho dos pais, as crianças e os jovens testemunhem os caminhos que Deus aponta com seus mandamentos e encontrem o verdadeiro Cristo, rezemos ao Senhor.
- PELOS CATEQUIZANDOS, para que descubram em seus corações que os mandamentos da Lei de Deus são caminhos de vida e liberdade, nos fazem seguir pelo bom caminho e fazem com que Deus conduza nossa vida, rezemos ao Senhor.

Segue a celebração normalmente.

ENTREGA DOS MANDAMENTOS

Catequista: Aproximem-se os que irão receber a Lei de Deus, os Dez Mandamentos.

(Enquanto os catequizandos aproximam-se do altar, pode-se cantar:)

Canto

Catequista: A Lei de Deus orientou o povo escolhido em sua caminhada para a libertação, vivendo a fidelidade a Deus e a fraternidade. Para nós, os mandamentos são indicações que devemos seguir para andar nos caminhos de Deus.

Presidente: Caros catequizandos, vocês são chamados a ouvir a comunidade proferir os Dez Mandamentos da Lei de Deus.

(O catequista, com a comunidade, profere os Dez Mandamentos.)

1.º Amar a Deus sobre todas as coisas.
2.º Não tomar seu santo nome em vão.
3.º Guardar domingos e festas de guarda.
4.º Honrar pai e mãe.
5.º Não matar.

6.º Não pecar contra a castidade.

7.º Não roubar.

8.º Não levantar falso testemunho.

9.º Não desejar a mulher do próximo.

10.º Não cobiçar as coisas alheias.

Presidente: Deus nos ama sem limites e nos pede para termos esse mesmo amor por nossos irmãos. Recebam da Igreja a Lei de Deus; que ela oriente seus passos.

(Entregue aos catequizandos o cartão com os Dez Mandamentos. Durante a entrega, pode-se cantar:)

Canto

(Os catequizandos voltam a seus lugares.)

RITOS FINAIS

> **LEMBRETE**
> No próximo encontro, promova a partilha com os catequizandos sobre como foi a experiência de receber os mandamentos da Lei de Deus.

Anotações

BLOCO 3

DEUS ORIENTA SEU POVO

10 Os mandamentos nos aproximam de Deus

11 Os mandamentos nos aproximam dos irmãos

12 Façam também vocês como eu

13 A vivência da Lei de Deus fortalece a comunidade

14 Encontro celebrativo
  O novo mandamento do amor

Liberto do Egito, o povo de Deus caminhou 40 anos pelo deserto. Foram anos de vida difícil. Tudo isso foi necessário para que se pudesse purificar as marcas da dominação e da escravidão sofridas no Egito.

Um fato importante que aconteceu nesta caminhada pelo deserto, além da libertação, ainda permanece atual e significativo: a aliança de Deus com o povo.

Deus renova o compromisso da aliança com seu povo, que assume livremente o compromisso de reconhecer como única autoridade o próprio Deus: "Eu serei o vosso Deus e vós sereis o meu povo" (cf. Ex 19,5-6). Esta aliança faz nascer uma ligação nova entre Deus e o povo; é um grande gesto de amizade.

Selando este compromisso, Deus apresenta os Dez Mandamentos, que indicam as condições de uma vida liberta da escravidão do pecado. O Decálogo é apresentado como um caminho de vida.

Os Dez Mandamentos enunciam as exigências do amor a Deus e ao próximo. Portanto, cabe à Igreja apresentar os mandamentos aos seus filhos e àqueles que querem viver a vida cristã com dignidade.

Durante os encontros deste bloco, leve os catequizandos a cultivarem o amor pelos mandamentos como sinais positivos da vivência da verdadeira liberdade. No diálogo de abordagem dos temas, faça-os perceber que os mandamentos, muito mais que obrigações, são orientações para que possamos viver um bom relacionamento com Deus, conosco e com as outras pessoas.

OS MANDAMENTOS NOS APROXIMAM DE DEUS

10

Objetivo

Associar os três primeiros mandamentos com as atitudes que o cristão deve ter no seu relacionamento com Deus.

LEITURA ORANTE

- Prepare-se para este encontro rezando o texto: Dt 5,1-15.
- Medite: Como tenho estabelecido a relação de amor a Deus em minha vida?
- Reflita e realize pedidos de agradecimento e de perdão. Os mandamentos são muito importantes para a nossa felicidade. Por isso, pensando no texto bíblico meditado, peça a Deus que lhe ajude a cumprir seus mandamentos.
- Finalize com uma oração que expresse o desejo de viver os mandamentos com amor e respeito.

FUNDAMENTAÇÃO PARA O CATEQUISTA

1º mandamento: "Eu sou o Senhor teu Deus, não terás outro deus além de mim" (Dt 6,13-14).

Este mandamento nos conduz a guardar e praticar as três virtudes teologais: fé, esperança e caridade; além de evitar os pecados que a elas se opõem. A fé crê em Deus e rejeita o que lhe é contrário, como a dúvida voluntária, a incredulidade, a heresia. A esperança é a expectativa confiante da ajuda de Deus, evitando o desespero. A caridade é o amor a Deus sobre todas as coisas.

Assim, são rejeitadas a indiferença, a ingratidão e o ódio a Deus, do qual nasce do orgulho (cf. ClgC, n. 2083-2094; 2133-2134). Este mandamento nos convida a: prestar o culto devido a Deus, individual e comunitariamente; rezar a Deus com expressões de louvor, de ação de graças, de intercessão e de súplica; manter as promessas e os votos que fizermos a Deus; procurar conhecer a verdade no que se refere a Deus e à sua Igreja, para assumir e guardá-la fielmente; renunciar o politeísmo, a idolatria, a superstição, a irreligião e o ateísmo (cf. ClgC, n. 2095-2109; 2110-2128; 2135-2140).

Não adorar "imagens" não se refere apenas àquelas feitas de barro, pedra ou gesso, mas a fazer de "coisas" ou "pessoas" os nossos ídolos (os nossos deuses) – por exemplo: nosso egoísmo, nossa posição social, os objetos ou o dinheiro que possuímos. Deus nos quer felizes, por isso não quer que inventemos ou fabriquemos outros "deuses" que não podem nos dar verdadeira felicidade. Este mandamento também nos ensina a não sermos supersticiosos nem adorar ídolos, pois assim seríamos idólatras. Existe um só Deus, portanto não podemos dar às coisas os poderes que só Deus tem. Não ter outros deuses significa, então, não fazer de uma coisa ou de uma pessoa um outro deus.

2º mandamento: "Não invocar o santo nome de Deus em vão" (Ex 20,7; Dt 5,11).

Significa que devemos usar o nome de Deus somente bendizendo-o, louvando-o e glorificando-o. Deve-se, pois, evitar o abuso de invocar o nome de Deus para justificar um crime, assim como evitar o uso inconveniente do nome de Deus, como a blasfêmia, que por sua natureza é um pecado grave, as imprecações (desejo de que algo ruim aconteça a alguém) e a infidelidade às promessas feitas em nome d'Ele (cf. ClgC, n. 2142-2149; 2160-2162). Este mandamento proíbe o juramento falso, pois assim se chama a Deus, que é a própria Verdade, como testemunha da mentira (cf. ClgC, n. 2150-2151; 2163-2164), e o perjúrio, que significa fazer, sob juramento, uma promessa com intenção de não mantê-la ou de violar a promessa feita sob juramento. Este é um pecado grave contra Deus, que é sempre fiel às suas promessas (cf. ClgC, n. 2152-2155).

Este mandamento quer dizer, então, não utilizar Deus para conseguir fins injustos (juramento) e situações erradas. É contra este mandamento a atitude de quem despreza Deus e as coisas d'Ele.

3º mandamento: Guardar domingos e festas de guarda.
(cf. Ex 20,8-10).

Deus abençoou e declarou sagrado o dia de sábado porque recorda o seu repouso no sétimo dia da criação, a libertação de Israel da escravidão do Egito e a aliança que Deus estabeleceu com o povo (cf. CIgC, n. 2168-2172; 2189). Deus reconheceu a santidade do sábado e, com a sua autoridade divina, deu-lhe a sua interpretação autêntica: "O sábado foi feito para o homem, e não o homem para o sábado" (Mc 2,27; cf. CIgC, n. 2173). Mas, a partir de Cristo, o domingo, por ser o dia da Ressurreição do Senhor, tornou-se para os cristãos o primeiro de todos os dias e de todas as festas: o dia do Senhor, no qual Ele, com a sua Páscoa, realiza a verdade espiritual do sábado judaico e anuncia o repouso eterno do homem em Deus (cf. CIgC, n. 2174-2176; 2190-2191). Os cristãos santificam o domingo e as festas de preceito participando da Eucaristia do Senhor. Para isso, deixam de realizar as atividades que os impedem de prestar culto a Deus e perturbam a alegria própria do dia do Senhor, como também o devido descanso da mente e do corpo. São permitidas, no entanto, as atividades ligadas a necessidades familiares ou a serviços de grande utilidade social, desde que não criem hábitos prejudiciais à santificação do domingo, à vida de família e à saúde (cf. CIgC, n. 2177-2185; 2192-2193).

Este mandamento se refere à capacidade de passar um dia por semana sem trabalhar para não nos tornar escravos do trabalho, das coisas, e para nos encontrarmos com Deus. "Parar", isto é, reconhecer que tudo é de Deus. Santificar as festas não se reduz a "assistir" à missa aos domingos. A missa é importante para aumentar o nosso amor a Deus, para louvá-lo como nosso único Deus, para reconhecer que Deus é Deus e que nós somos seus filhos.

O ENCONTRO

MATERIAIS

- ✓ Organize um suporte para colocar a Bíblia, uma vela e uma imagem de Jesus em destaque.
- ✓ Prepare o coração de cartolina utilizado no encontro anterior.
- ✓ Preveja material para três grupos: revistas ou panfletos para recorte, tesoura, cola, cartolina ou papéis para cartazes, lápis de cor, canetinhas esferográficas e pincel atômico.
- ✓ Selecione uma música instrumental.

PARA INICIAR O ENCONTRO

- Destaque as ideias que estão no livro do catequizando. Os Dez Mandamentos reúnem a Lei dada por Deus ao povo de Israel durante a aliança feita por meio de Moisés. Os Dez Mandamentos apresentam as exigências do amor a Deus e ao próximo.

CRESCER COM A PALAVRA

- ✝ Comente que os três primeiros mandamentos se referem à nossa relação com Deus.
- ✝ Motive para o acendimento da vela. Enquanto acende a vela, proponha um canto.
- ✝ Convide para lerem juntos o texto: Dt 5,1-15.
- ✝ Guarde um momento de silêncio após a leitura, para a interiorização da Palavra.
- ✝ Conduza uma reflexão e uma partilha sobre as questões que se encontram no livro do catequizando.
- ✝ Peça que escolham e escrevam um versículo que será guardado para a vida toda. Oriente para que o escrevam em uma tira de papel e a guardem em suas Bíblias ou lugar que possam visualizar com certa frequência.
- ✝ Solicite que realizem as atividades 1 e 2 sobre os três primeiros mandamentos.

- ✞ Leia o texto das atividades com as respostas certas. Motive o grupo para compreender o sentido de cada um dos três primeiros mandamentos a partir do que Jesus disse a respeito deles. Converse sobre cada mandamento, sempre perguntando aos catequizandos o que entendem. Apresente exemplos de situações conhecidas pelo grupo.

- ✞ Divida o grupo de catequese em três grupos. Cada grupo ficará com um mandamento. Solicite que cada grupo converse sobre o mandamento, refletindo sobre o que entendem, qual é o seu significado e como é possível colocá-lo em prática. Depois entregue o material (folhas/cartolina e demais recursos) para cada grupo orientando para escrever e ilustrar o mandamento recebido.

- ✞ Promova uma partilha e reflexão a partir das ideias dos três grupos.

CRESCER NA ORAÇÃO

- Coloque as folhas com as ilustrações dos mandamentos, preparadas pelos grupos, ao lado da Bíblia.
- Solicite que observem atentamente as ilustrações e frases.
- Lembre-os de que os mandamentos são muito importantes para a nossa felicidade. Motive para que os catequizandos realizem pedidos de perdão a Jesus pelas vezes que não conseguem cumprir os mandamentos e, também, manifestem o desejo de segui-los com amor e respeito.
- Solicite para rezarem juntos a oração que está em seus livros.

CRESCER NO COMPROMISSO

- Solicite aos catequizandos que partilhem com os familiares os três primeiros mandamentos da Lei de Deus que aprenderam.
- Oriente para que escolham, com seus familiares, um ou mais propósitos, dentre os sugeridos no livro do catequizando, para se comprometerem a praticá-los, ajudando-se mutuamente. Lembre-os de que esses propósitos são importantes para que possam fazer a experiência de viver de forma intensa os três primeiros mandamentos.

11 OS MANDAMENTOS NOS APROXIMAM DOS IRMÃOS

Objetivo

Identificar importância dos mandamentos da Lei de Deus como proposta de vida para amar ao próximo seguindo a sua vontade.

LEITURA ORANTE

- Prepare-se para este encontro rezando o texto: Dt 5,16-22.
- Para pensar: Os mandamentos da Lei de Deus são uma proposta de vida para amar ao próximo segundo a vontade de Deus.
- Reze o Salmo 119(118),15-18:

  Quero meditar teus mandamentos e considerar teus caminhos. Nos teus estatutos me deleito; não esquecerei tua palavra. Sê bondoso com teu servo; faze que eu viva e observe tua palavra. Abre-me os olhos para eu contemplar as maravilhas de tua lei.

FUNDAMENTAÇÃO PARA O CATEQUISTA

4º mandamento: "Honrar pai e mãe" (Ex 20,12).

Este mandamento nos manda honrar e respeitar os pais e aqueles que Deus, para o nosso bem, revestiu com a sua autoridade (cf. CIgC, n. 2196-2200; 2247-2248). Remete-nos, também, à valorização da família, na qual se estabelecem relações pessoais e responsabilidades primárias.

O povo de Deus, ao contrário dos grupos vizinhos, tinha uma organização comunitária em que a família era a base de toda a sociedade. Ela é importante porque nela a semente da vida é plantada, nasce e cresce. Em Cristo, a família torna-se Igreja doméstica, porque ela é comunidade de fé, de esperança e de amor (cf. CIgC, n. 2201-2205; 2249).

Na família aprendemos a nos relacionar com as pessoas. Na relação com os pais, os filhos devem respeito (piedade filial), reconhecimento, docilidade e obediência, contribuindo, assim, para as boas relações entre irmãos e irmãs, para o crescimento da harmonia e da santidade de toda a vida familiar. Se os pais se encontrarem em situação de indigência, de doença, de solidão ou de velhice, os filhos adultos lhes devem ajuda moral e material (cf. CIgC, n. 2214-2220; 2251). Os pais, participantes da paternidade divina, são os primeiros responsáveis pela educação dos filhos e os primeiros anunciadores da fé. Eles têm o dever de amar e respeitar os filhos como pessoas e filhos de Deus, atendendo, dentro do possível, às suas necessidades materiais e espirituais. Em particular, eles têm a missão de educar na fé cristã (cf. CIgC, n. 2252-2253).

A Bíblia insiste sobre a necessidade de tratar bem as pessoas idosas, que são os mestres da fé por sua experiência de vida. O idoso se faz respeitar pela sua sabedoria e justiça. Em uma sociedade que só valoriza quem produz, o idoso, o doente e até as crianças se sentem marginalizados. Viver este mandamento quer dizer aprender a valorizar as pessoas pelo que são.

5º mandamento: "Não matar" (Ex 23,7).

A vida é sagrada e, desde o seu início, supõe a ação criadora de Deus. Por isso a vida permanece para sempre em uma relação especial com o Criador, seu único fim. A ninguém é lícito destruir a vida de outro, pois é um ato gravemente contrário à dignidade da pessoa e à santidade do Criador.

Deus quer que o ser humano cuide da vida e a respeite como valor central. Não ser violento e respeitar a vida é dever de todo cristão. Ninguém tem direito de tirar a vida do outro nem de feri-lo. Concretamente, não há o direito de se realizar ações como: o policial espancar o preso; o homem matar para se vingar; a mãe matar a criança que ainda não nasceu (aborto); o patrão obrigar o operário, na fábrica, a trabalhar sem segurança; o motorista dirigir sem responsabilidade.

Nós devemos cuidar do nosso corpo, da nossa saúde e da saúde das pessoas que estão conosco. Assim, explicitamente, este mandamento proíbe: as ações que provocam a morte das pessoas aos poucos, como as de exclusão social e desrespeito, que propagam a imoralidade e expõem a vida das pessoas ao risco de morte. Deve-se cuidar também da "morte do espírito" pelo pecado em todos os sentidos.

LEIA PARA APROFUNDAR
- CIgC, n. 2258-2262; 2268-2283; 2318-2326.

6º mandamento: "Não cometer o adultério" (Ex 20,14).

Este mandamento revela que Deus criou o ser humano como homem e mulher, com igual dignidade pessoal, e inscreveu nele a vocação ao amor e à comunhão. Compete a cada um aceitar a sua identidade sexual, reconhecendo a sua importância para toda a pessoa, como também o valor da especificidade e da complementaridade (cf. CIgC, n. 2331-2336; 2392-2393). Embora no texto bíblico se leia "não cometerás adultério" (Ex 20,14), a Tradição da Igreja segue interpretando todos os ensinamentos morais do Antigo e Novo Testamentos, de modo a considerar que o sexto mandamento engloba todos os pecados contra a castidade. Por castidade entende-se a integração positiva da sexualidade na pessoa. A sexualidade torna-se verdadeiramente humana quando é bem integrada na relação pessoa a pessoa. A castidade é uma virtude moral, um dom de Deus, uma graça, um fruto do Espírito (cf. CIgC, n. 2337-2338).

7º mandamento: "Não roubar" (Ex 20,15).

O sétimo mandamento proíbe o furto, que é apoderar-se do bem alheio contra a vontade do seu proprietário. Isso também acontece no pagamento de salários injustos; na especulação sobre o valor dos bens para obter vantagens com prejuízo para os outros; na falsificação de documentos ou faturas... (cf. CIgC, n. 2408-2413; 2453-2455). O sétimo mandamento prescreve o respeito aos bens alheios, mediante a prática da justiça e caridade, da temperança e solidariedade. Em particular, exige o respeito às promessas e aos contratos estipulados;

a reparação da injustiça cometida e a restituição do mal causado; o respeito pela integridade da criação mediante o uso prudente e moderado dos recursos minerais, vegetais e animais no Universo, com especial atenção às espécies ameaçadas de extinção (cf. CIgC, n. 2407; 2450-2451).

> **LEIA PARA APROFUNDAR**
> - Para maior fundamentação sobre a distribuição universal e a propriedade privada dos bens, ler: Catecismo da Igreja Católica, números 2401 e 2402.

8º mandamento: "Não levantar falso testemunho" (Ex 20,16).

O oitavo mandamento proíbe: falso testemunho, perjúrio e mentira, cuja gravidade se mede pela natureza da verdade que ela deforma, das circunstâncias, das intenções do mentiroso e dos danos causados às vítimas; o juízo temerário, a maledicência, a difamação e a calúnia, que lesam ou destroem a boa reputação e a honra a que a pessoa tem direito; a lisonja ou adulação, se a sua finalidade for a realização de pecados graves ou a obtenção de vantagens ilícitas. O oitavo mandamento requer o respeito à verdade, acompanhado pela discrição da caridade: na comunicação e na informação, que devem assegurar o bem pessoal e comum, a defesa da vida particular e o perigo de escândalo; na reserva dos segredos profissionais, que se devem sempre manter, salvo em casos excepcionais, por motivos graves e proporcionados. Exige-se também o respeito pelas confidências feitas sob o sigilo do segredo (cf. CIgC, n. 2488-2492; 2510-2511).

Jesus nos ensina a dizer sempre a verdade. Que o seu "sim" seja sempre SIM! O oitavo mandamento nos fala sobre a mentira; não devemos mentir nem falar mal dos outros.

> **LEIA PARA APROFUNDAR**
> - Uma culpa contra a verdade exige a reparação, quando se ocasionou dano a outrem. Para conhecer mais sobre isso, leia: Catecismo da Igreja Católica, números 2475 a 2487 e 2507 a 2509.

9º mandamento: "Guardar castidade nos pensamentos e nos desejos (Não desejar a mulher do próximo)" (Ex 20,17).

O nono mandamento nos faz compreender que a pureza exige o pudor e que preservar a intimidade da pessoa exprime a delicadeza da castidade. Este mandamento orienta os olhares e os gestos em conformidade com a dignidade das pessoas e da sua comunhão. A pureza liberta o cristão do erotismo difuso e o afasta de tudo aquilo que favorece a curiosidade mórbida. Requer uma purificação do ambiente social mediante uma luta constante contra a permissividade dos costumes, que se assenta numa concepção errônea da liberdade humana (cf. CIgC, n. 2521-2527; 2533).

Nosso corpo é templo do Espírito Santo, portanto devemos respeitar nosso corpo e o do próximo. A sexualidade afeta todos os aspectos da pessoa, na unidade do seu corpo e da sua alma. Diz respeito particularmente à afetividade, à capacidade de amar e de procriar, e, de um modo geral, à aptidão para criar laços de comunhão com outrem. A castidade significa a integração da sexualidade na pessoa, ou seja, sua unidade interior, corporal e espiritual.

LEIA PARA APROFUNDAR

- Catecismo da Igreja Católica, números 2517-2519; 2531-2532.

10º mandamento: "Não cobiçar as coisas alheias" (Ex 20,17).

Este mandamento completa o precedente e exige uma atitude interior de respeito à propriedade alheia. Proíbe a ambição, a cobiça desregrada dos bens dos outros e a inveja, que consiste na tristeza que se experimenta perante os bens alheios e no desejo exagerado de se apoderar deles (cf. CIgC, n. 2534-2540; 2551-2554). O maior desejo do ser humano deve consistir em ver Deus, não devendo se desviar a bens materiais, efêmeros (cf. CIgC, n. 2548-2550; 2557). Jesus solicita a seus discípulos o desprendimento das riquezas, segundo o espírito da pobreza evangélica, e o abandono à providência de Deus, que nos liberta da preocupação com o amanhã, preparando-nos para a bem-aventurança dos "pobres em espírito, porque deles é o Reino dos Céus" (Mt 5,3; cf. CIgC, n. 2544-2547; 2556).

Neste mandamento, Deus quer que não tenhamos inveja. O que é seu, a você pertence e você foi merecedor de tê-lo; o que é dos outros, a eles pertencem e eles foram merecedores de tê-lo. Isso não significa que não podemos dividir com os outros o que possuímos, pelo contrário, devemos nos compadecer deles e partilhar. Se temos algo que nos atende e sobra, por que não ajudar aqueles que têm menos?

Hoje existe muita desigualdade social: enquanto uns têm demais, outros não têm o mínimo para sobreviver – vivem em condições ruins, sem ter o que comer ou vestir.

O ENCONTRO

MATERIAIS

- Bíblia, uma vela e algumas flores.
- Cartaz com o título do encontro: OS MANDAMENTOS NOS APROXIMAM DOS IRMÃOS.
- Ilustrações de gestos e atitudes relacionados aos mandamentos (cuidado com os idosos, respeito, fidelidade...) para colocar ao redor do cartaz.

PARA INICIAR O ENCONTRO

- Leia o texto introdutório do livro do catequizando, comentando que neste encontro conhecerão como Deus deseja que seja o nosso relacionamento com o próximo. Explore que os mandamentos são um guia no qual Deus mostra como praticar e viver o bem, e assim alcançar a felicidade.

CRESCER COM A PALAVRA

- Comente o texto que introduz a reflexão sobre a Palavra destacando que os sete mandamentos são essenciais à nossa relação com os outros, para um mundo justo e fraterno. Explique que, por meio deles, Deus orienta para vivermos bem com todos, com respeito e em paz.
- Motive-os a acender as velas e convide-os para a oração antes da leitura da Palavra, proposta no livro do catequizando.

- ✝ Leiam juntos o texto bíblico: Dt 5,16-22.

- ✝ Depois da leitura, peça que cada um coloque as duas mãos sobre a Bíblia, guardando um momento de silêncio.

- ✝ Ajude o grupo a compreender o sentido dos sete mandamentos apresentados no texto bíblico lido e a sua importância para uma convivência harmoniosa, respeitosa, entre as pessoas.

- ✝ Destaque que, quando guardamos os mandamentos, temos a segurança de estar no bom caminho e de fazer a vontade de Deus. Não podemos e não devemos nos sentir aprisionados pelos mandamentos, pois eles são uma proposta para o nosso modo de viver como cristãos, são como um guia que ajuda a permanecer no caminho do bem e do amor a Deus e ao próximo.

- ✝ Peça para que, na atividade 1, escolham um versículo e o escrevam.

- ✝ Reflita com os catequizandos sobre os mandamentos serem o caminho, como uma estrada bem sinalizada que manifesta o modo de agir retamente e avisa dos perigos existentes. Os mandamentos da Lei de Deus são, portanto, uma prova do amor e da misericórdia de Deus, que nos amou primeiro.

- ✝ Oriente-os a realizar a atividade 2 no livro do catequizando, relacionando cada ilustração com a placa do mandamento correspondente.

CRESCER NA ORAÇÃO

- Oriente para rezar alguns versículos do Salmo 119(118) como agradecimento a Deus, que nos deu os Dez Mandamentos.

CRESCER NO COMPROMISSO

- Solicite aos catequizandos que partilhem com os familiares os mandamentos da Lei de Deus que aprenderam.

- Oriente para que, à luz dos mandamentos, cada catequizando reflita e depois escolha uma atitude que precisa praticar para fazer a experiência de viver de forma intensa os mandamentos que todos estudaram neste encontro.

FAÇAM TAMBÉM VOCÊS COMO EU

12

> **Objetivo**
> Compreender que Jesus Cristo veio dar à Lei de Deus seu pleno cumprimento: o amor a Deus e ao próximo são a fonte de felicidade.

LEITURA ORANTE

- Prepare-se para este encontro rezando o texto: Mt 5,17-19.
- Reflita: Jesus não veio mudar a Lei, mas mostrar as suas motivações, os seus valores, a fim de que a sua observância não seja um jugo, mas uma forma de realização pessoal.
- Para finalizar sua oração, reze:
   Que o Espírito Santo nos guie para que os momentos de oração com a Palavra possam nos manter mais próximos e íntimos de Jesus, e que o cumprimento da Lei seja consequência de um amor maior que arde em nossos corações. Amém!

FUNDAMENTAÇÃO PARA O CATEQUISTA

Jesus Cristo foi fiel à Lei de Deus manifestada nos Dez Mandamentos. Ele reconheceu que ela nasceu do coração de seu Pai e que estava presente ao mesmo tempo no coração de cada pessoa, por isso disse: "Eu não vim abolir a Lei, mas levá-la ao cumprimento" (Mt 5,17). Assim, o que Ele fez foi assumi-la e colocá-la no plano do amor ao doar a sua vida na cruz, por nós, configurando a Nova e Eterna Aliança. Com sua atitude, Ele qualificou a Lei estabelecendo o critério de que só quem ama a Deus e ao próximo, com disposição de fazer da própria vida uma doação, é capaz de viver conforme a vontade de Deus e ser verdadeiramente feliz.

A Lei entregue a Moisés foi aperfeiçoada em Cristo. Ele concentrou os Dez Mandamentos em: "Amar a Deus e ao próximo como a ti mesmo" (cf. Mt. 22,37-40). Amar-se, cuidar-se, assumir-se como filho de Deus são condição e base para se poder amar a Deus e ao próximo, e vice-versa. Jesus Cristo é amor, por isso a nova Lei é, essencialmente, o amor. Seguir Jesus Cristo implica conhecê-lo e amá-lo, assim como seu Pai, e, no Espírito Santo, amar a todos os irmãos indistintamente. Diante disso, todos nós, enquanto Igreja, somos vocacionados a levar adiante a missão de Jesus Cristo, portanto somos chamados a ser não somente os portadores da Lei do Amor, mas seus propagadores.

A partir do Novo Testamento é possível compreender também que a Lei de Deus não está em contradição com a Lei Natural divulgada pelas "pessoas de boa vontade". Ao contrário, acreditamos que esta Lei de Deus, plenamente revelada em Cristo, complementa a vida do ser humano na Terra, em todos os sentidos. Ela protege a vida, a família, e possibilita uma reta aproximação da natureza, das ciências, porque em tudo coloca Deus em primeiro lugar, assim como o respeito e o serviço enquanto condições para o relacionamento humano.

Fomos criados por Deus e carregamos no mais íntimo de nós mesmos a vontade de amar, servir, ajudar, libertar, gerar vida. Isso tudo é a Lei de Deus que está presente em nossos corações. Segui-la significa conhecer a Lei de Deus profundamente, perceber que está presente em nós mesmos nas Escrituras, viver a vontade de Deus vigiando a nossa prática e aplicar a sua Lei em nossas vidas.

LEIA PARA APROFUNDAR
- Catecismo da Igreja Católica, números 2070 a 2072.

O ENCONTRO

MATERIAIS

- ✓ Bíblia, uma vela e algumas flores.
- ✓ O coração de cartolina e as tábuas dos mandamentos usados no 9º encontro.
- ✓ Música instrumental, papéis com as palavras que formam as frases: "Amarás o Senhor, teu Deus, de todo o teu coração, de toda a tua alma e de todo o teu espírito" e "Amarás teu próximo como a ti mesmo" (Mt 22,37-40).
- ✓ Sementes e um vaso com terra.

PARA INICIAR O ENCONTRO

- Leia o texto introdutório do livro do catequizando, comentando que a função dos mandamentos é garantir que as pessoas sejam respeitadas e que, ao cumpri-los, sejam felizes. No entanto, no tempo de Jesus, algumas pessoas perderam isso de vista e usaram os mandamentos com rigorismo. Por não entenderem a Lei de Deus, geraram exclusão, opressão e violência contra a vida das pessoas, ocasionando muitos sofrimentos. Jesus, no entanto, vendo as situações e a dificuldade de entendimento das pessoas, passou a ensiná-las a viver os Dez Mandamentos, tendo sempre presente em seus discursos a misericórdia, o acolhimento, o respeito, a inclusão... que são a proposta de Deus.

CRESCER COM A PALAVRA

- Comente o texto do livro do catequizando mencionando a fidelidade de Jesus à Lei de Deus manifestada nos Dez Mandamentos. Destaque que Ele esclareceu: "Eu não vim abolir a Lei, mas levá-la ao cumprimento" (Mt 5,17). Com isso, Ele quis esclarecer que ensinava um novo jeito de viver verdadeiramente a Lei de Deus.
- Motive para o acendimento da vela. Enquanto acende a vela, entoe um canto.
- Leia com o grupo o texto: Mt 5,17-19.
- Convide-os a reler o texto. Depois solicite que meditem sobre as palavras por algum tempo, em silêncio.

- Promova a reflexão conversando com os catequizandos sobre as perguntas:
    - Em nossos corações, estão inscritas as Leis de Deus?
    - Sou capaz de perceber na oração diária a voz de Deus em minha vida?
    - Tenho me deixado governar pela voz de Deus que ressoa em minha consciência?
    - O que eu deveria fazer para cultivar ainda mais a paz interior?
- Após essa reflexão, proponha um tempo de silêncio orientando-os a ler e pensar sobre as duas perguntas em seus livros.
- Apresente o coração de cartolina, no qual estão os mandamentos.
- Espalhe no chão, desordenadamente, os papéis com as palavras que formam as frases: "Amarás o Senhor, teu Deus, de todo o teu coração, de toda a tua alma e de todo o teu espírito" e "Amarás teu próximo como a ti mesmo" (Mt 22,37-40). Peça aos catequizandos, então, para ordenarem as palavras e oriente-os a colar as frases no lado vazio do coração de cartolina.
- Oriente os catequizandos a realizarem a atividade 1 de seus livros, para descobrirem como Jesus resumiu os Dez Mandamentos. Depois incentive-os a conversar sobre o que registraram e as frases que ordenaram.
- Peça que identifiquem nas frases e no texto pesquisado qual a palavra mais importante.
- Reforce o sentido da palavra "amor" comentando o parágrafo que explica o amor proposto por Jesus.
- Mostre as sementes e o vaso com terra. Converse sobre o que é necessário para plantar as sementes. Fale também sobre os cuidados depois do plantio.
- Trabalhe o fato de que, por mais que a semente e a terra tenham todos os elementos necessários para prosperar, a planta jamais irá crescer sem a água. Isso também acontece conosco: a Lei de Deus irá se desenvolver em nossas vidas se houver sempre o amor a nos irrigar.

- Comente que Jesus Cristo foi fiel à Lei de Deus manifestada nos Dez Mandamentos assumindo e colocando-se no plano do amor ao doar sua vida na cruz, por nós, configurando a Nova e Eterna Aliança.

- Comente o texto no livro do catequizando destacando que o amor proposto por Jesus era inovador para a sua época. Explore a descrição apresentada e conclua dizendo que a proposta de amor de Jesus é de inclusão, sem preconceitos.

- Continue a reflexão destacando que amar requer tratar bem as pessoas, mesmo aquelas de quem não gostamos ou com quem não simpatizamos; é dar comida, mas também atenção a quem nos procura por ajuda. Esclareça que assim como Deus ama a todos indistintamente, nós também precisamos seguir o seu exemplo e amar a todos, sem exceção.

- Sobre a questão de julgar as pessoas, motive os catequizandos a pensarem nas situações em que fazemos isso. Proponha exemplos de quando pessoas são julgadas como maldosas ou ignorantes por fazerem isto ou aquilo, e explore situações nas quais esses julgamentos são injustos, pois as pessoas em questão nem eram culpadas. A partir disso, explore como podemos prejudicar uma pessoa por não conhecer toda a verdade ou a sua condição de vida. Somente Deus nos conhece bem, por isso só Ele é capaz de fazer um julgamento justo.

- Mencione por que nunca devemos desprezar ninguém, esclarecendo que o desprezo pode não só magoar uma pessoa, mas também levá-la a adoecer ou se tornar violenta. Apresente que o desprezo pode ser associado a algumas situações de exclusão, preconceito e *bullying*. Jesus amava a todos, e mandou que também nós os amássemos. Enfim, seu modo de viver mostrou como deve ser o amor: dar a vida a cada dia para que as pessoas tenham sempre mais vida, sejam mais felizes.

- Solicite que realizem a atividade 2 a partir da reflexão. Nesta atividade, proponha que os catequizandos elaborem uma situação que vivenciaram por si mesmos ou presenciaram. Ao concluírem a realização da atividade, promova uma roda de conversa entre os catequizandos.

CRESCER NA ORAÇÃO

- Conduza o momento de oração motivando a refletir que às vezes nos deixamos levar pelas nossas atividades, olhando apenas para o que temos a fazer e priorizando apenas as nossas preocupações, que nos sufocam e deixam ansiosos. Depois, oriente para rezarem parte do Salmo 19(18), sobre a Lei de Deus que dá segurança ao ser humano.

CRESCER NO COMPROMISSO

- Motive os catequizandos a explicarem aos seus familiares, durante esta semana, o que aprenderam sobre Jesus e a Lei de Deus.

- Reforce a ideia de os catequizandos convidarem seus familiares a assumirem com eles uma ação concreta para viverem o amor a Deus e ao próximo em sua comunidade.

Anotações

A VIVÊNCIA DA LEI DE DEUS FORTALECE A COMUNIDADE

13

Objetivo

Relacionar a construção de uma comunidade de fé ao seguimento da Lei de Deus, à pessoa de Jesus Cristo e ao serviço ao próximo.

LEITURA ORANTE

- Prepare-se para este encontro rezando o texto: Rm 13,8-10.
- Medite: Tenho colocado o amor aos irmãos como centro nas minhas relações pessoais? Busco dar testemunho de comunhão respeitando normas de convivência e da Igreja como forma de viver o amor de Deus?
- Conclua com a oração:

    Deus, que ama a todos com amor de Pai, agradeço por tua presença em minha vida, pois não sou nada sem ti. Renova minha fé e minhas forças para seguir lutando em meio às dificuldades. Aumenta minha capacidade de diálogo com quem pensa diferente e desperta-me para a solidariedade, com a capacidade de acolher e incluir os meus irmãos. Amém.

FUNDAMENTAÇÃO PARA O CATEQUISTA

É possível existir uma comunidade de fé através da vivência da Lei de Deus, de sua vontade, pois os mandamentos, dados a Moisés no Monte Sinai e plenamente revelados em Jesus Cristo, como a Lei do Amor, constituem-se em um caminho para se viver bem em comunidade. Para que isso aconteça é necessário observar os três primeiros mandamentos, que definem como deve ser o relacionamento do povo com Deus, e os outros sete mandamentos, que mostram como há de ser uma nova maneira de se relacionar consigo mesmo, com os outros, com a sociedade e com o Universo criado. Assim, não há dúvida de que o Decálogo forma um todo, no qual os mandamentos se esclarecem mutuamente – "O Decálogo unifica a vida teologal e a vida social do homem" (CIgC, n. 2069).

Como modelo de comunidade ideal, sempre perseguimos a proposta de Cristo. Ela é a explicitação da vontade de Deus para a vida comunitária do ser humano. No entanto, ela pode ser compreendida com muito mais riqueza quando a contextualizamos no todo da Sagrada Escritura e estabelecemos, também, uma relação com o Antigo Testamento em que o povo precisou organizar-se ao entrar em Canaã. Ao serem conduzidos por Josué, substituto de Moisés, os israelitas entraram em Canaã, mas não encontraram a terra desocupada. Nela habitavam outros povos. Assim, sua ocupação deu-se lenta e progressivamente (Jz 2,23). Após conquistarem a terra, Josué a distribuiu entre as doze tribos, que correspondiam aos doze filhos de Jacó. Cada uma delas tinha um chefe, chamado de "ancião". As leis das tribos eram baseadas nos Dez Mandamentos, e a presença de Deus era representada pela Arca da Aliança.

Para nos ajudar a entender a experiência de vida comunitária, formada com base nos mandamentos, podemos tomar como referência o tempo em que o povo da Bíblia sentiu a necessidade de se organizar socialmente, agora numa terra fixa, em grupos, sob a liderança de pessoas mais capacitadas, chamadas de "juízes". Esse foi o tempo em que o povo de Deus, a partir do que tinha aprendido da herança do Monte Sinai, procurou viver um ideal de igualdade e solidariedade.

O ENCONTRO

MATERIAIS
✓ Bíblia, uma vela e algumas flores.

PARA INICIAR O ENCONTRO

- Comente o texto introdutório atribuindo aos mandamentos a função também de ajudar no relacionamento e na formação da comunidade de fé.

- Eles são a base fundamental que guia o trabalho, as atitudes, o jeito de ser de uma comunidade que se diz cristã e que ama a Deus.

CRESCER COM A PALAVRA

- A partir do texto do livro do catequizando, reflita sobre: a chegada do povo de Deus à sua Terra Prometida, à qual tanto esperava enquanto trazia no coração a Lei de Deus que recebeu de Moisés; a proposta de organização do povo de Deus para viver bem, em doze tribos e com doze líderes, que se chamavam "juízes", os quais se reuniam às vezes para tomar decisões em conjunto.

- Destaque que a princípio tudo aconteceu bem, mas com o tempo o povo esqueceu a Lei de Deus e passou a se preocupar mais com interesses materiais. Diante dessa realidade, as pessoas viram a necessidade de um único líder, alguém que as ensinasse a viver, a serem fiéis a Deus. E então surge o desejo do povo de ter alguém que o ensinasse a viver em comunidade.

- Comente o valor do tempo dos juízes, pois foi uma iniciativa que merece respeito, mas que acabou porque o povo não soube se manter fiel à Lei de Deus, estabelecendo alianças com outros povos e cedendo a tentações de promessas de riquezas e facilidades inconsequentes. Destaque o fato de que mesmo sob o cuidado de grandes líderes, como os juízes Sansão, Débora e Gedeão (comente quem foram e o que fizeram de modo breve), o povo ainda precisava de uma liderança que lhe garantisse a unidade. Foi a partir dessa experiência, e também no período dos reis (explique aos catequizandos sobre o que foram esses períodos de modo breve), que o povo passou a desejar uma nação sólida, na qual houvesse um salvador, uma pessoa que lhe desse a razão para viver unido e fiel a Deus.

- Reflita sobre o que significa a vontade de Deus para a vida comunitária, ajudando-os a compreender um pouco esta fase do povo da Bíblia, com as qualidades e dificuldades possíveis de se identificar. Na sequência, comente que o povo da Bíblia estava a esperar alguém que o ensinasse qual era o caminho para se formar uma autêntica comunidade na qual Deus fosse o Senhor.

- Mencione que Jesus Cristo, assim, passou a ser o Salvador, o Messias esperado, que ofereceria um modelo de vida e de comunidade no qual todos se colocariam a serviço uns dos outros, à luz da Lei do Amor.

- Resgate com os catequizandos que nesses acontecimentos se reconhece que Deus está sempre presente, revelando-nos que conduziu o povo e continua a nos conduzir hoje. Mencione os eventos de sua presença no tempo de Moisés, com a aliança, na chegada à Terra Prometida e nas ações dos juízes. Cada um desses momentos revela que Ele já preparava a humanidade para receber a plenitude da vida em todos os sentidos, pessoal e comunitário, com a vinda de seu Filho, Jesus Cristo.

- Organize com os catequizandos uma pequena procissão de entrada da Bíblia, que deverá ser trazida por um catequizando. Outro catequizando irá trazer uma vela acesa como sinal da nossa esperança. Os demais acompanharão cantando uma música conhecida pelo grupo para acolher a Palavra de Deus. Quando chegar à mesa, levanta-se bem alto a Bíblia e todos podem aplaudi-la.

- Comente o texto que introduz a reflexão sobre a Palavra e, depois, convide para a leitura do texto bíblico: Rm 13,8-10.

- Oriente-os a meditar sobre as palavras por algum tempo, em silêncio. Fale sobre o amor e o pleno cumprimento da Lei. Somente o amor é capaz de unir as pessoas de forma saudável.

- Motive os catequizandos a realizarem a atividade 1 em seus livros. Para isso, sugere-se: dividir os catequizandos em duplas e dar a cada dupla uma cena da tirinha; solicitar que observem a cena e registrem sua resposta produzindo uma nova tirinha (letra a).

- Conduza a realização da atividade seguinte (letra b), solicitando para que observem com cuidado todas as cenas da tirinha. Peça que comentem quais atitudes percebem que podem e devem realizar, destacando o que julgam mais importante para que as pessoas possam viver felizes na cidade, na família ou comunidade de fé. Solicitem que registrem suas respostas em seus livros.

- Promova um momento de partilha sobre o resultado das atividades.

- ✝ Comente que, além de ter uma vida de oração, faz parte da vivência dos mandamentos ajudar as pessoas em casa, na escola, na comunidade, fazendo o bem e auxiliando no que as pessoas precisam para serem felizes, de acordo com nossas possibilidades e dons. Converse com os catequizandos sobre a finalidade principal dos mandamentos de Deus, ajudando-os a compreender que a vivência comunitária saudável e próspera, fundada na fé, na esperança e no serviço ao próximo, é o fim principal da Lei de Deus.

CRESCER NA ORAÇÃO

- Motive-os a rezar pedindo a Deus que sempre sejamos uma comunidade unida.
- Comente com os catequizandos: "Nunca esqueçamos de que Deus está sempre conosco!". Oriente o encaminhamento proposto no livro do catequizando.

CRESCER NO COMPROMISSO

- Oriente a partir dos propósitos apresentados na leitura bíblica para que, nos próximos dias, procurem ser fiéis em suas intenções realizadas durante a oração.
- Peça que cada um pesquise durante a semana o que deve mudar para contribuir na harmonia da família e da escola às quais pertence. Oriente que todos anotem dificuldades, necessidades e pontos positivos, procurando colocar em prática algumas atitudes que identificaram como necessárias para que as pessoas sejam mais felizes e unidas.

14 O NOVO MANDAMENTO DO AMOR

Encontro celebrativo

Objetivo

Reconhecer que Jesus Cristo deu pleno cumprimento à Lei de Deus ao revelar que o amor a Deus e ao próximo é a fonte mais segura de felicidade.

LEITURA ORANTE

- Prepare-se para a celebração rezando o texto: Mt 22,34-40.
- Leia atentamente o texto bíblico e observe a síntese que Jesus faz dos mandamentos.
- Como você tem vivido esses dois mandamentos?
- O que você deseja colocar em prática segundo os ensinamentos de Jesus?
- Reze:
  Deus Pai, que o meu amor a ti se manifeste na solidariedade para com o meu próximo. E que a comunhão com o meu próximo expresse meu profundo amor por ti. Amém.

FUNDAMENTAÇÃO PARA O CATEQUISTA

Segundo o Catecismo da Igreja Católica (n. 1822), "A caridade é a virtude teologal pela qual amamos a Deus em primeiro lugar e o próximo como a nós mesmos, por amor de Deus". Os discípulos foram os primeiros a experimentar de perto o amor de Jesus Cristo. No encontro pessoal e íntimo com Ele, puderam descobrir e desenvolver sua vocação primeira de viver em comunhão com Deus e com as pessoas, a partir do amor que agora transborda naturalmente.

O encontro com Cristo é condição ao seu seguimento e à observância de seu mandamento maior: "Amai-vos uns aos outros. Como eu vos tenho amado, assim também vós deveis amar-vos uns aos outros" (Jo 13,34). Mas quem é o outro, ou o próximo, conforme nos referimos mais normalmente?

O próximo não se refere a um parente ou amigo, mas ao ser humano. Amar a Deus é amar a pessoa necessitada, que precisa da minha ajuda e presença. Seja ela quem for, conhecida ou não.

Esse é o verdadeiro compromisso com Deus e com o outro. É também esse compromisso que motiva e justifica as muitas obras assistenciais. Esta é a condição: que amemos, como Ele mesmo, os nossos inimigos; que nos tornemos próximos dos mais afastados; que amemos como Ele as crianças, os pobres, os excluídos.

O apóstolo Paulo nos recomenda a bem viver o amor. Diz-nos ainda: "Por ora subsistem a fé, a esperança e a caridade – as três. Porém, a maior delas é a caridade" (1Cor 13,13).

Em outras palavras, as orientações de Jesus – "Amarás o Senhor, teu Deus, com todo o teu coração, com toda a tua alma e com todo o teu entendimento!" (Mt 22,37) e "Amarás teu próximo como a ti mesmo" (Mt 22,39) – nos levam à ação concreta em relação aos mais necessitados: "Estava com fome, e me destes de comer; estava com sede, e me destes de beber; eu era forasteiro, e me recebestes em casa; estava nu e me vestistes; doente, e cuidastes de mim; na prisão, e fostes visitar-me" (Mt 25,35 36).

A CELEBRAÇÃO

MATERIAIS

- ✓ Imagens que retratem a falta de amor, com cenas de violência, miséria, destruição da natureza, inveja, egoísmo.
- ✓ Corações de papel com palavras escritas para identificar a prática do amor.

- ✓ Cartazes com os Dez Mandamentos, um para cada mandamento.
- ✓ Cartaz com o desenho de um coração e a seguinte frase escrita nele: "Amar a Deus e ao próximo".
- ✓ Bíblia, flores e vela.
- ✓ Prepare a sala do encontro: de um lado, coloque no chão figuras que demonstram "falta de amor", como cena de miséria, de destruição da natureza – que indiquem egoísmo, inveja, maus-tratos... –; do outro lado, coloque vários corações com palavras que demonstram amor.
- ✓ Decore a sala com os cartazes dos Dez Mandamentos. Posicione também o cartaz com o coração que traz a frase: "Amar a Deus e ao próximo".

ACOLHIDA

Catequista: Queridos catequizandos, que alegria mais uma vez celebrarmos o imenso amor de Deus por nós! Unidos na certeza desse amor, de coração agradecido, iniciemos: Em nome do Pai e do Filho e do Espírito Santo.

Todos: Amém.

Catequista: Nos últimos encontros da catequese falamos sobre os Dez Mandamentos, a Lei de Deus, que orientaram o povo escolhido em sua caminhada para a libertação, vivendo a fidelidade a Deus e a fraternidade. O que mais nos chama atenção nesta Lei?

Reflita com os catequizandos sobre os temas dos encontros deste bloco. Lembre-os da aliança que Deus fez com seu povo, quando Ele apresentou os Dez Mandamentos para selar esta amizade. Os Dez Mandamentos, nesse sentido, são oferecidos por Deus como um caminho de vida que enuncia as exigências do amor a Deus e ao próximo. Jesus Cristo, depois, veio dar à Lei de Deus o pleno cumprimento ao nos revelar que o amor a Deus e ao próximo é a fonte mais segura de felicidade.

Motive para o acendimento da vela.

Canto

Catequista: Os mandamentos da Lei de Deus são um facho de luz para o povo. Moisés recebeu de Deus os Dez Mandamentos para serem uma luz acesa diante do povo. Eram como placas que indicavam os caminhos a seguir.

Motive-os para a entrada dos cartazes com os nomes de cada mandamento, orientando-os para que os coloquem ao redor da Bíblia.

ATO PENITENCIAL

Catequista: Para nós, os mandamentos também são como pistas que devemos seguir para andar nos caminhos de Deus. Só que, assim como o povo no deserto, nós deixamos de lado essas pistas. Vamos dizer a Deus que reconhecemos que muitas vezes nos afastamos d'Ele, mas que queremos nos esforçar para sermos fiéis à sua Lei.

Todos: Senhor, nosso Deus, porque tu amas os seres humanos, entregaste a tua Lei para que nunca mais se repetissem os males da escravidão no Egito. Nós sabemos que nem sempre somos fiéis à tua proposta de vida e, por isso, pedimos a tua misericórdia. Queremos responder ao teu amor com nosso esforço para viver segundo a tua vontade, porque este é o caminho para sermos felizes. Amém.

PROCLAMAÇÃO DA PALAVRA

Catequista: Só é possível amar porque somos amados por Deus Amor. Vamos ouvir com atenção o Evangelho no qual Jesus nos apresenta uma grande novidade.

Canto

Leitor: Proclamação do Evangelho de Jesus Cristo segundo Mateus 22,34-40.

Leitor: Palavra da Salvação.

Todos: Glória a vós, Senhor.

Catequista: Rezemos, reconhecendo o amor de Deus por nós.

Catequizando 1: Celebremos o Senhor, nosso Deus, porque Ele é bom e seu amor é para sempre.

Catequizando 2: Todos nós, que em Deus confiamos, afirmemos com alegria: seu amor é para sempre.

Catequizando 3: É abençoado quem vem em nome do Senhor, nosso Deus, que nos ilumina com seu amor sem fim.

Catequizando 4: Celebremos o Senhor, nosso Deus, porque Ele é bom e seu amor é para sempre.

REFLEXÃO SOBRE A PALAVRA

Catequista: Jesus conhecia todas as palavras do Antigo Testamento. Conhecia o Êxodo, a história do povo escravo e liberto por Deus. Conhecia todas as orações do povo. Conhecia a situação de opressão e de falta de liberdade em que a comunidade se encontrava. À pergunta que lhe fizeram: "Qual é o maior mandamento da Lei?", Ele respondeu:

Todos: "Amarás o Senhor, teu Deus, com todo o teu coração, com toda a tua alma e com toda a mente. Este é o maior mandamento. O segundo é: Amarás o próximo como a ti mesmo. Destes dois mandamentos dependem toda a Lei e os Profetas" (Mt 22,36-40).

Catequista: Jesus resumiu todo o Antigo Testamento em dois mandamentos: AMAR A DEUS E AO PRÓXIMO.

Todos: É o novo mandamento do Amor: a Deus e ao próximo.

Catequista: Jesus nos orienta a viver o amor em sua plenitude em relação a Deus, ao próximo, a nós mesmos e à criação.

Todos: É o novo mandamento do Amor: amar a Deus e ao próximo.

Catequista: Jesus nos diz que o amor a Deus não existe sozinho, mas somente se realiza no amor ao próximo.

Todos: É o novo mandamento do Amor: amar a Deus e ao próximo.

Catequista: Deus nos ama sem limites, e Jesus nos pede para termos esse mesmo amor por nossos irmãos.

Todos: Tudo podemos mudar se colocarmos o amor de Deus em nosso coração e nos deixarmos guiar por ele.

Catequista: Não basta decorar os Dez Mandamentos, é necessário algo a mais para ser um bom seguidor de Jesus. É preciso colocá-los em prática, assim como Jesus ensina: amar a Deus acima de todas as coisas e ao próximo como a si mesmo.

Oriente um catequizando a reunir todos os cartazes juntos e deixar no centro, perto da Bíblia. Depois, um catequizando entra com o cartaz com o desenho de um coração escrito: "Amar a Deus e ao próximo"; ele deverá colocar seu cartaz em cima dos cartazes dos mandamentos.

ORAÇÃO

Catequista: Queridos catequizandos, em nosso coração devemos ter sempre um "obrigado" para dizer a Jesus, porque Ele nos ensina como podemos viver no amor. Vamos agradecer!

Todos: Senhor Jesus, tu nos ensinaste que devemos amar a todas as pessoas, sem excluir ninguém. Nós te pedimos, Jesus, um coração manso e humilde como o teu, capaz de amar a todos, e sempre amar primeiro. E nós agradecemos porque nos mostraste o dom do amor de Deus por nós e o quanto somos preciosos para o Pai, que faz nascer o sol sobre os maus e os bons e cair as chuvas sobre os justos e os injustos. Obrigado, Jesus!

Canto

Anotações

DEUS NÃO ABANDONA SEU POVO

15 Davi, escolhido para uma grande missão

16 O povo se distancia da Lei de Deus

17 Profetas, vozes da justiça

18 Profetas, vozes da esperança

19 Maria, a mãe do Salvador

20 Encontro celebrativo
Profetas, mensageiros de Deus

A experiência dos juízes, líderes surgidos no meio do povo, principalmente nas lutas com os povos vizinhos, não foi bem-sucedida. O povo, sentindo-se ameaçado, deseja um rei que possa defendê-lo e organizar um exército forte. Escolhido por Deus, ungido por Samuel, Davi, ainda muito jovem, torna-se rei de Israel. Por suas ações, Davi leva o povo a viver um tempo de prosperidade. Mas a aliança com Deus, estabelecida em Moisés, torna-se cada vez mais esquecida e o povo esquece a fidelidade a quem o libertou da escravidão.

Surgem então profetas escolhidos por Deus. Olhando a realidade de seu tempo, eles explicam os acontecimentos, levam o povo a descobrir que, mesmo diante de tantas infidelidades, Deus não desistia dele, oferecia nova chance, oferecia o perdão. Suas palavras levavam o povo até Deus, afastando-o dos falsos ídolos e da vida de pecado. A atuação dos profetas, inseridos em seu contexto histórico, pode ser interpretada como preparação da vinda do verdadeiro Messias, o Salvador, que nasceria de uma virgem, a razão de toda a esperança da humanidade.

Na plenitude dos tempos a grandeza de Deus encontrou aconchego nos braços acolhedores de Maria (cf. Gl 4,4). Seu "sim" nos impele a sermos fiéis ao Senhor da Vida. Sua obediência é uma atitude de fé, pronta para que o projeto de amor se realize.

Este bloco de temas foi organizado para que os catequizandos possam entender que o projeto divino é quase sempre recusado por muitas pessoas, por isso Deus precisa de homens e mulheres que denunciem os erros e anunciem a chegada do seu Reino; essas pessoas são os profetas. As reflexões e leituras irão fazer com que os catequizandos descubram qual é a vocação do verdadeiro profeta – despertar a justiça e a esperança no meio do povo – e se identifiquem com ela nos dias de hoje. Como ponto alto da caminhada do povo de Deus, os catequizandos são convidados a refletir sobre Maria ter sido escolhida por Deus para ser a mãe de Jesus, nosso Salvador, e nossa mãe, de modo que o "sim" dado por ela deve ser também o "sim" de todos nós.

DAVI, ESCOLHIDO PARA UMA GRANDE MISSÃO

15

Objetivo

Compreender que podemos servir as pessoas e a comunidade se agirmos com fé e coragem, e confiando plenamente em Deus.

LEITURA ORANTE

- Prepare-se para este encontro rezando o texto: 1Sm 17,38-51.

- Reflita: Diante das dificuldades, Davi acreditava sempre na força e proteção de Deus. Como está seu diálogo (sua oração) com Deus? Você pede que Ele lhe dê força e coragem diante dos desafios da vida pessoal, familiar e comunitária?

- O rei Davi, em um dos Salmos, chama Deus de pastor. Cante baixinho uma parte deste Salmo e, ao cantar, medite sobre como Deus tem conduzido você:

  O Senhor é o meu pastor, nada me falta. Ele me faz descansar em verdes prados, a águas tranquilas me conduz. Restaura minhas forças, guia-me pelo caminho certo, por amor do seu nome. Se eu tiver de andar por vale escuro, não temerei mal nenhum, pois comigo estás. O teu bastão e teu cajado me dão segurança. (Sl 23[22],1-4)

FUNDAMENTAÇÃO PARA O CATEQUISTA

No tempo dos juízes, algumas pessoas não admitiam a ideia de realeza, pois a consideravam responsável pelos abusos e pela violação dos direitos de Deus, por toda opressão e culto aos deuses pagãos (cf. 1Sm 8).

Tinham uma organização inspirada no projeto de Deus, e neste projeto não havia espaço para guerras. No entanto as guerras existiam independentemente da vontade daquele povo, e não havia a prosperidade de um povo grande e forte segundo a promessa feita a Abraão.

Naquele momento, o povo não estava mais querendo juízes. Queriam um monarca, ou seja, um rei. Monarquia é uma forma de governo na qual uma só pessoa governa, manda e determina os destinos de um povo. Samuel tentou convencer o povo do perigo da monarquia, lembrando-o da situação vivida no Egito, dos direitos dos reis sobre os súditos (1Sm 8,4-22); sobretudo, lembrou-o de que somente Deus é rei. O povo não quis ouvir Samuel e exigiu um rei. Este então escolheu Saul para governar (1Sm 10,17-27), dando início à experiência da monarquia, que compreende aproximadamente o período de 1000 a 587 a.C.

O reinado de Saul pode ser assim resumido: "Saul, depois de ter tomado posse do reino de Israel, combateu contra toda a vizinhança... Durante todo o tempo da vida de Saul, a guerra foi encarniçada contra os filisteus. O rei, logo que descobria um homem forte e valente, tomava-o ao seu serviço" (1Sm 14,47.52). Saul foi rejeitado por Deus porque desobedeceu às suas ordens (1Sm 15,22-23).

No lugar de Saul, Samuel ungiu para rei Davi, empregado de Saul, cujo serviço era tocar cítara para o rei. Conforme o relato na Bíblia, ao matar Golias, Davi tornou-se muito popular, despertando ciúmes em Saul, que passou a persegui-lo para matá-lo (1Sm 23-24). Apesar de suas fraquezas (2Sm 11), Davi foi um líder especial, pois libertou Israel dos filisteus, arregimentando ao seu redor todas as tribos, tornando-se o seu comandante e rei. Através de muitas lutas, conquistou Jerusalém e fez dela capital, transportando para lá a Arca da Aliança e transformando-a no centro político religioso do país.

Dotado de profundo espírito religioso (2Sm 6,12-22), Davi compôs salmos destinados ao Senhor e ao seu culto.

> [É] por excelência o rei segundo o coração de Deus, o pastor que ora por seu povo e em seu nome, aquele cuja submissão à vontade de Deus, cujo louvor e

> arrependimento serão o modelo da oração do povo. Como ungido de Deus, sua oração é adesão fiel à promessa divina, confiança cheia de amor e alegria naquele que é o único rei e Senhor. Nos salmos, Davi, inspirado pelo Espírito Santo, é o primeiro profeta da oração judaica e cristã. (CIgC, n. 2579)

Davi desejou construir um templo digno do Senhor. Deus, através do profeta Natã, disse-lhe que não era ele quem construiria uma casa ao Senhor, a casa de oração, mas o Senhor é que construiria uma casa para ele: "A tua casa e a tua realeza subsistirão para sempre diante de mim, e o teu trono se estabelecerá para sempre" (2Sm 7,16).

Essa promessa messiânica feita a Davi continuou a alimentar a esperança no "reino eterno" da casa de Davi. Isso podemos ver, mesmo séculos depois, no canto de Zacarias (Lc 1,68-69) e na anunciação à Maria (Lc 1,32-33).

Esta é a ideia central do Antigo Testamento: a esperança da vinda do Messias, o Rei, da dinastia de Davi.

O ENCONTRO

MATERIAIS

- ✓ Bíblia, uma vela e algumas flores.
- ✓ Ilustrações ou fotos de reis.

PARA INICIAR O ENCONTRO

- Inicie fazendo uma memória dos encontros anteriores, destacando que em determinado momento o povo de Deus desejou ter um rei para governá-lo. Comente que neste encontro vamos conhecer Davi, um pastor de ovelhas que se tornou rei.
- Pergunte se lembram de algum país com um rei. Comente os papéis dos reis em alguns países.
- Explore com os catequizandos o título do encontro, "Davi, escolhido para uma grande missão", e comente o texto introdutório.

CRESCER COM A PALAVRA

- 🕆 Leia e reflita sobre a história inicial de Davi que está no livro do catequizando. Destaque que ele era pastor, gostava de tocar cítara e cuidava do rebanho do seu pai enfrentando as dificuldades (leões, ursos...).

- 🕆 Mencione as qualidades de um rei presentes em Davi. Lembre o que é ser pastor no campo e compare essa ação ao cuidado com as pessoas. Nessa comparação, explique que o pastor é reconhecido como aquele que cuida do seu rebanho, que prevê as necessidades e protege dos perigos.

- 🕆 Apresente a cena de quando Davi leva alimentos para os irmãos que estavam ao lado do rei Saul, lutando contra os filisteus. Comente que do lado filisteu havia um gigante, Golias, que atemorizava a todos com sua força descomunal.

- 🕆 Peça que, neste momento, os catequizandos se preparem para ouvir a Palavra de Deus e saber mais sobre o que aconteceu, estando Davi neste cenário.

- 🕆 Motive para o acendimento da vela. Enquanto se acende a vela, convide-os a cantar.

- 🕆 Leia o texto: 1Sm 17,38-51.

- 🕆 Peça aos catequizandos que silenciem e pensem no que ouviram.

- 🕆 Converse com os catequizandos sobre as perguntas das atividades 1 e 2. Depois solicite que as respondam em seus livros.

- 🕆 Destaque que depois da morte do rei Saul, Deus elevou Davi ao trono, como rei de Israel. Mencione o que marcou o seu reinado, que tipo de líder ele foi, como uniu as tribos e tornou-se o seu comandante e rei. Explique que o nome de Davi será sempre lembrado porque Jesus nasceu de sua família. Sobre isso, retome o texto introdutório no qual se explica essa ascendência de Jesus, por conta de seu pai adotivo, José, ser da família de Davi.

- 🕆 Motive para que os catequizandos conversem em duplas sobre quais são as situações da vida em que as pessoas se sentem desprotegidas e com medo. Estenda a reflexão para o grupo todo, mostrando as possibilidades de superação em cada situação.

CRESCER NA ORAÇÃO

- Oriente os encaminhamentos para a realização da oração que está no livro dos catequizandos.
- Conclua o momento orante motivando os catequizandos a rezarem o Salmo 23(22), comentando ser um dos salmos compostos por Davi.

CRESCER NO COMPROMISSO

- Reflita sobre Davi dizer às pessoas que, diante das dificuldades da vida, Deus está sempre conosco, pois Ele é força e proteção. Lembre-os das reflexões realizadas nesse encontro e motive-os para que pensem sobre um gesto de cuidado e proteção que podem realizar, assim como fazia Davi.

Anotações

16 O POVO SE DISTANCIA DA LEI DE DEUS

Objetivo

Entender que o projeto de Deus precisa de homens e mulheres que denunciem os erros e anunciem a chegada do Reino.

LEITURA ORANTE

- Prepare-se para este encontro rezando o texto: Jr 22,13-19.
- O povo escolhido por Deus muitas vezes esqueceu a aliança e deixou de fazer a vontade d'Ele. Deus então enviou os profetas para mostrar ao povo o caminho a seguir. Jeremias, um dos profetas, condena aqueles que oprimem os pobres.
- Medite: Como ser um profeta diante das situações que a vida nos apresenta? Diante do que Deus me pede, o que vou fazer?
- Pense na realidade em que vive e nas atitudes que levam as pessoas a se distanciarem de Deus. Faça alguns pedidos de perdão a Deus por cada uma dessas situações:
  Perdão, Senhor, por nos distanciarmos de ti e de teus mandamentos. Amém.

FUNDAMENTAÇÃO PARA O CATEQUISTA

O povo de Deus, quando se estabeleceu na Terra Prometida, sentiu o desejo de imitar os outros povos, então dividiu as terras e instituiu reis para governar. Também nesta época Deus se revelou através dos acontecimentos.

Justamente com a vida mais organizada, mais evoluída e de maior bem-estar, apareceram o perigo da idolatria, adoração de ídolos, falsos deuses e a divisão do povo, enfim, a infidelidade à aliança. Deus inspira então os profetas, que lembram ao povo as promessas da aliança com Deus e apontam o escândalo da infidelidade a Ele, da injustiça que começa a surgir e da divisão do povo.

Depois o povo de Deus é exilado e perde, portanto, o seu rei, o seu templo e o culto no templo. O povo de Deus perde, assim, os bens das promessas d'Ele, a terra, e deixa de ser unido. Através dos profetas, porém, ocorre a redescoberta da presença de Deus e nasce uma nova esperança, a esperança de um Salvador, um Messias e um novo Reino.

O profeta é um crítico do rei, uma pessoa de profunda experiência de Deus e, também, de profunda experiência da realidade do povo. Os profetas sofriam com a injustiça que acometia os pobres. Por esses motivos, eles ajudavam o povo a se conscientizarem da sua situação de opressão e falavam duramente contra os poderosos. Eram eles que pediam ao povo que voltassem para Deus, que fossem fiéis à aliança, lembrando-o de que o caminho era seguir a Lei de Deus. Os profetas previam, também, dias melhores para todos se a injustiça fosse abolida.

Por causa de suas manifestações contra os poderosos, os profetas foram perseguidos. Nada os fazia se calar ou desistir de sua missão.

A vida e o ensinamento dos profetas se tornaram Palavra de Deus para os povos de ontem e de hoje. O próprio Jesus se inspirou muito nos profetas, sobretudo em Isaías, para assumir sua missão.

Podemos ler na Bíblia os livros proféticos: Isaías, Jeremias, Ezequiel, Daniel, Oséias, Amós, Abdias, Jonas, Miquéias, Naum, Habacuc, Sofonias, Ageu, Zacarias e Malaquias. Mas vale lembrar que havia, também, profetisas: Miriam (Ex 15,20), Débora (Jz 4,4) e a esposa de Isaías (Is 8,3).

O ENCONTRO

MATERIAIS

- ✓ Coloque a Bíblia no centro. De um lado coloque flores e, do outro, espinhos.
- ✓ Providencie pequenas tiras de papel para cada catequizando.

PARA INICIAR O ENCONTRO

- Explore o texto introdutório do livro do catequizando explicando: o povo de Deus em seu percurso histórico começou a esquecer a aliança e se afastar d'Ele; o surgimento dos profetas, considerados mensageiros celestes, pessoas enviadas por Deus, falavam aos reis e ao povo em tempos de crise; os profetas exigiam que as pessoas repensassem o que estavam fazendo e, principalmente, cumprissem a aliança e atendessem ao projeto de Deus.

CRESCER COM A PALAVRA

- Destaque o que diz o livro do catequizando e explique os motivos pelos quais os profetas foram perseguidos. Mencione que nada os fazia se calar ou desistir de sua missão. Eles permaneciam firmes em orientar o povo e denunciar as injustiças, apontando o que não era correto e afirmando a necessidade de mudança de comportamento.

- Motive para o acendimento da vela. Enquanto acende a vela, entoe um canto.

- Comente que neste encontro vamos acompanhar como o profeta Jeremias orienta as pessoas e faz críticas ao modo como o rei conduzia seu povo, lendo: Jr 22,13-19.

- Converse com os catequizandos ajudando-os a identificar o que o profeta diz para os injustos. Peça que leiam novamente o texto para uma melhor compreensão do sentido das palavras, ajudando-os a interpretá-las. Depois, motive-os a pensar sobre como eles podem ser profetas no meio em que vivem. Pergunte o que Deus lhes pede para fazerem.

- Peça que, na atividade 1, retirem do texto uma frase que o profeta Jeremias diz para as pessoas que cometem injustiças. Oriente para escreverem essa frase em seus livros. Promova a partilha das respostas entre os catequizandos.

- Ajude-os a identificar o que acontece aos que provocam injustiças contra os desamparados e àqueles que defendem os injustiçados.

- Oriente para escreverem nas tiras de papel as palavras pronunciadas pelo profeta que denunciava a opressão aos pobres, colocando-as ao lado dos espinhos para simbolizar o que Jesus sente quando deixamos que a injustiça entre em nossas vidas.

- Convide-os a expressar seus sentimentos em relação ao que escreveram nas tiras de papel.

- Na atividade 2, solicite que elaborem uma nuvem de palavras sobre o que aprenderam com essa atividade.

- Converse com os catequizandos sobre as dificuldades vividas pelo povo que afetam as suas vidas, como quando chove demais em algumas regiões. Convide-os a realizar a atividade 3, observando a ilustração e descrevendo o que sabem sobre o que acontece nos lugares onde chove demais. Deixe-os falar e, à medida que conversam, completar suas produções, seus desenhos.

- Conclua mencionando as filas imensas de carros; as ruas que viram correntezas; a água que entra nas casas e levam as pessoas a perderem tudo; as casas e plantações que se perdem debaixo d'água etc. Comente que essas experiências são muito tristes pelas perdas de vidas, de bens e dos meios de sobrevivência das pessoas. Motive-os a identificar por que acontecem essas catástrofes. Sobre isso, mencione que algumas dessas situações são causadas pela falta de cuidado do ser humano ao não proteger a natureza, poluir rios, não reciclar e produzir excessivo lixo.

- Destaque haver pessoas que percebem a presença de Deus em meio a tudo isso e dizem: "Isto é sinal de Deus para nós! Precisamos mudar nossas atitudes e transformar esta realidade".

- Comente que com o povo de Deus também acontecia algo semelhante. Nas situações difíceis, alguém surgia do meio dele para mostrar o caminho que levava a solucionar os problemas, apresentando como deve ser uma vida fundamentada nos ensinamentos de Deus. Os profetas eram pessoas que falavam em nome de Deus e conduziam os outros a perceberem seus erros, convocando para a mudança de atitudes e para gerar transformação, de modo que todos seguissem o caminho da felicidade proposto por Deus ao seu povo.

- Destaque e retome com os catequizandos:
  - Os profetas eram considerados mensageiros celestes e dirigiam-se aos reis e ao povo em tempos de crise. Exigiam que as pessoas repensassem o que estavam fazendo e, principalmente, cumprissem a aliança atendendo ao projeto de Deus.

- O profetismo nasce, portanto, em oposição à monarquia. O profeta bíblico é um crítico do rei. Quando o rei se distancia da Lei de Deus e explora o povo, o profeta se manifesta, condena suas atitudes, resiste contra os desmandos, defende a fé e a vida do povo, mostrando qual é o caminho da Lei de Deus. Mas a profecia seguidamente se dirige, também, ao povo, convocando-o à conversão e à fidelidade a Deus.

CRESCER NA ORAÇÃO

- Convide os catequizandos a participarem do momento de oração rezando o texto em seus livros.

CRESCER NO COMPROMISSO

- Fale sobre o cenário atual: drogas, assaltos, acidentes de carro provocados por consumo de bebida alcoólica, alguém que coloca fogo na mata e tantas outras situações criadas pelo ser humano que descontentam nosso Deus.

- Motive os catequizandos a assumirem o compromisso de serem os profetas de hoje, contribuindo na formação da consciência do que Deus quer para a humanidade.

- Solicite que façam um cartaz para denunciar alguma dessas situações e convidar as pessoas à mudança. Depois os catequizandos devem colocar seu cartaz em um local que possa ser visto por todos.

Anotações

PROFETAS, VOZES DA JUSTIÇA

17

Objetivo

Compreender que Deus conta conosco para sermos seus novos profetas que defendem a vida, denunciando injustiças e anunciando o seu amor ao povo.

LEITURA ORANTE

- Prepare-se para este encontro rezando o texto: Am 5,4-15.
- Reflita: Os profetas anunciavam a conversão pessoal para que a justiça estivesse presente na sociedade. Como você percebe a justiça na atualidade? Como você pode ser um profeta da justiça?
- Conclua com a oração:
  Deus Pai misericordioso, quero ser teu profeta através da minha vida, das minhas palavras, denunciando as injustiças e anunciando as maravilhas do teu Reino. Amém.

FUNDAMENTAÇÃO PARA O CATEQUISTA

O profeta Amós viveu em uma época de grande fartura e prosperidade no Reino do Norte. Em seu tempo, século VIII a.C., havia o ponto de convergência de três diferentes culturas, que eram também três estilos de vida: a do criador de gado (pastoril), a do agricultor e a dos citadinos. A passagem de uma sociedade nômade para sedentária fez aumentar o culto a outros deuses.

Com o reino de Salomão, surge uma estrutura centralizada: a autocrática. A corte, os oficiais do rei e o exército permanente não produziam e, portanto, tinham que ser sustentados pelo imposto que pesava sobre o comércio em trânsito pela Palestina. Salomão também impôs pesados impostos sobre os povos que Davi havia dominado.

Ainda, na mesma época que Amós exerce o seu profetismo, o reino da Síria foi praticamente arrasado pelo rei da Assíria, em 802. Porém, depois disso, a Assíria teve maus governadores. O Egito também estava apagado. Logo, todos os reis que estavam de certa forma dominados levantaram a cabeça. Seria, portanto, um tempo de grande prosperidade para Judá e Israel. Israel teve bons governantes, embora impiedosos. Jeroboão II reinou mais ou menos 40 anos – politicamente, foi um dos melhores reis da época. E no reino de Judá governava Joaz, e depois seu filho, Osias. Nesse contexto histórico, Amós e outros profetas tinham consciência crítica e apresentavam uma visão bastante pessimista quanto à realidade.

Amós, profeta na corte de Jeroboão II, atuava em um tempo de prosperidade, mas de grande injustiça social. E neste tempo sua missão se realiza na grande cidade da Samaria, onde atravessava toda a riqueza do Oriente. Nessa realidade, ele aparece com a mensagem que será resumida em Am 8,2: uma mensagem de destruição. Por isso ela foi rejeitada, não era uma mensagem otimista para aquele povo.

O ENCONTRO

MATERIAIS

- Bíblia, uma vela e algumas flores.
- Confeccione dois pequenos cartazes – escreva a palavra "campo" em um deles e, no outro, a palavra "cidade". Em cada cartaz coloque ilustrações que representem cada palavra.
- Música instrumental.
- Materiais reciclados para a construção de um microfone, tais como: papelão, jornal, copo plástico.

PARA INICIAR O ENCONTRO

- Inicie destacando a palavra "vozes" que está no título do tema do encontro. O que significa "ser uma voz"?
- Comente que na história do povo de Deus algumas pessoas usaram sua voz para denunciar as injustiças e anunciar o amor de Deus por seu povo: os profetas. Neste encontro vamos falar do profeta Amós, o profeta da justiça.
- Apresente o texto introdutório do livro do catequizando explorando quem era Amós e o que ele viu. Mencione o convite dele ao povo: voltar à unidade e a viver como irmãos.

CRESCER COM A PALAVRA

- Reflita sobre a palavra "justiça" e o que ela representa. Destaque que, diferente do conceito usado atualmente, a justiça de Deus envolve levar a pessoa a uma vida digna, honesta, respeitada.
- Comente que o povo de Deus demorou a conhecer a justiça, a bondade de Deus, por isso os profetas sempre se referiam a elas como necessárias a uma vida digna.
- Motive para o acendimento da vela. Enquanto se acende a vela, entoa um canto.
- Leia com o grupo o texto: Am 5,4-15.
- Coloque uma música instrumental e solicite que releiam cada versículo pausadamente.
- Medite sobre o que Deus pede a Amós. A partir disso, pergunte o que Ele pede a nós hoje.
- Na atividade 1, motive-os a escrever uma frase ou uma palavra que represente algo importante a eles, algo que o texto despertou.
- Destaque que muitas vezes a pessoa se distancia de Deus e diz "não" à vida, mas Deus sempre está de braços abertos esperando nossa mudança de atitude.
- Mostre os cartazes e coloque-os no centro do grupo em lugares separados. Na atividade 2, convide o grupo a observar: O que é diferente? O que é semelhante? Por quê? Deixe-os falar e vá orientando a percepção dos catequizandos.

- Quando apresentar o campo e a cidade, procure descrever aspectos positivos e frágeis de ambos. É importante que um ambiente não supere o outro.

- Comente os dois textos que descrevem um pouco a vida no campo relacionada à produção dos alimentos e à dificuldade dos agricultores com a desvalorização dos produtos no momento de sua venda, o que faz com que nem sempre consigam pagar aquilo que gastaram e o necessário para sua sobrevivência. Destaque também as dificuldades associadas a perdas por muita chuva ou seca.

- Reflita sobre a cidade, lembrando que os alimentos são vendidos às vezes a preços muito altos, a ponto de as pessoas não conseguirem consumi-los. Destaque que a maioria das pessoas tem um salário baixo e, ao final de um mês de trabalho, mal lhe sobra recursos para manter as necessidades básicas, como aluguel, água e luz. Olhando para os dois lados: quanta dor, quanta injustiça. Conversem sobre essa não ser a vontade de Deus.

- Na atividade 3, oriente para que os catequizandos descrevam as situações de injustiça que percebem no local onde vivem.

- Realize junto com eles a atividade de construção de um microfone. Pode-se recortar um cone em papelão e fazer a parte de cima com uma bola de jornal. Use a criatividade!

- Promova alguns instantes de brincadeira entre os catequizandos: um catequizando entrevista outro. Durante a brincadeira, observe quais são os temas abordados nas questões das entrevistas. Depois de um tempo, conversem sobre o que realizaram.

- Comente que no meio do povo de Deus existiam os profetas, que transmitiam a mensagem d'Ele. Eram como microfones nas mãos de Deus, pois anunciavam o caminho do bem e denunciavam tudo o que estava errado ou não conduzia para esse caminho.

- Converse e reflita com os catequizandos sobre o texto em seus livros, que apresenta a defesa de Amós sobre a justiça social e a sua prática.

- Na atividade 4, promova a reflexão e conversa sobre: Quais atitudes hoje seriam anunciadas por um profeta? Observe que a questão foca o que precisa ser anunciado, o que precisa ser dito para haver mudança. Amplie para o que deve ser realizado.

CRESCER NA ORAÇÃO

- Oriente e encaminhe o momento de oração, apropriando-se do texto no livro do catequizandos, e explique que irão rezar também algumas partes do Salmo 100.

CRESCER NO COMPROMISSO

- Destaque que ser profeta é falar em nome de Deus, a partir das coisas que estão acontecendo.
- Comente que hoje muitas situações também não estão nos planos de Deus, pois não promovem a vida.
- Oriente para que conversem com sua família e pensem em algo que podem fazer para serem profetas diante de alguma situação.

Anotações

18 PROFETAS, VOZES DA ESPERANÇA

Objetivo
Entender que a verdadeira vocação do profeta é despertar a justiça e a esperança no meio do povo, ainda nos dias de hoje.

LEITURA ORANTE

- Prepare-se para este encontro rezando o texto: Is 6,1-8.

- O profeta Isaías respondeu a Deus dizendo: "Aqui estou! Envia-me". Como você tem respondido aos convites que Deus lhe faz diariamente?

- Medite sobre a palavra "esperança". Como você entende essa palavra em sua vida?

- Reze a oração:
Deus Pai, dai-me a coragem do profeta Isaías quando o desânimo chegar. Dai-me a esperança de Isaías para anunciar Jesus a todos, especialmente aos catequizandos e seus familiares. Amém.

FUNDAMENTAÇÃO PARA O CATEQUISTA

Isaías é considerado o maior dos profetas de Israel. Ele nasceu durante o reinado de Ozias, provavelmente próximo ao ano 760 a.C. Sua vocação profética surgiu quando tinha aproximadamente 20 anos, a partir de uma visão (cf. Is 6). Esta visão provocou em Isaías a consciência da santidade de Deus e do pecado do povo, além da necessidade de conversão. Isaías foi casado, mas não sabemos o nome de sua esposa; é chamada apenas de profetiza, com quem teve dois filhos.

Podemos considerar Isaías o profeta da esperança. Combateu a idolatria e as injustiças sociais que se alastravam em seu tempo. Chamou o povo ao arrependimento e à fé.

Anunciava um terrível julgamento sobre Israel: as nações pagãs é que seriam as executoras do castigo, e depois também seriam castigadas. Quanto a Israel, um resto seria salvo.

Todas as catástrofes, nós sabemos pela história de Israel, aconteceram no seu devido tempo. Importante ressaltar que Isaías, em todas as suas profecias, deixava transparecer a mais firme esperança em um rei glorioso que há de vir e restaurar a ordem do mundo. A esperança no Messias prometido.

O ENCONTRO

MATERIAIS

- ✓ Organize um mural com imagens de pessoas que dedicam ou dedicaram suas vidas para fazer o bem a outras, como é o caso de Ir. Dulce, Dom Oscar Romero, Chico Mendes, Ir. Doroti, Dom Helder Câmara e outros de seu conhecimento.
- ✓ Coloque em destaque a Bíblia e flores. Posicione fitas coloridas saindo da Bíblia, ligando-as às imagens para simbolizar que a vida dessas pessoas, a partir da vivência da Palavra de Deus, deu um colorido diferente ao modo como vivemos.

PARA INICIAR O ENCONTRO

- Faça uma memória do encontro anterior destacando o papel dos profetas. Comente que neste encontro irão conhecer um profeta que falou da esperança.
- Questione: O que entendemos por esperança?

CRESCER COM A PALAVRA

- Apresente o profeta Isaías e o que ele dizia ao povo, explorando o texto do livro dos catequizandos. Destaque que mesmo perseguido, incompreendido e abandonado pelos amigos, Isaías insistia no anúncio da vinda do Messias Salvador, entendendo ser esta a sua missão de profeta.

- ✝ Motive para o acendimento da vela. Oriente alguns catequizandos a fazerem uma procissão com a Bíblia, as flores e as imagens. Enquanto acende a vela, entoe um canto.

- ✝ Convide para que ouçam e acompanhem em suas Bíblias o texto: Is 6,1-8.

- ✝ Peça a um catequizando ou faça você mesmo a leitura do texto.

- ✝ Oriente os catequizandos a narrarem o conteúdo do texto com suas próprias palavras. Depois reflita com eles a partir das perguntas:
    - Com suas palavras, qual versículo você mais gostou?
    - Como Isaías responde a Deus?
    - O que Deus diz a Isaías?
    - Deus também chama você para uma tarefa?

- ✝ Oriente-os a realizar a atividade 1 (letras a e b) em seus livros.

- ✝ Comente o texto no livro dos catequizandos explorando a formação de Isaías e sua condição social, sua presença junto aos desfavorecidos, dando-lhes esperança. Explique que Isaías soube ver as necessidades de seu povo, principalmente dos que mais sofriam. Questione: E você, tem sido sensível às necessidades das outras pessoas?

- ✝ Mencione que quando o povo desanima porque as coisas não vão bem, afastando-se de Deus, Ele coloca entre nós pessoas que dedicam ou dedicaram suas vidas para fazer o bem aos outros, dando-lhes coragem, força e confiança. É o caso de pessoas como Ir. Dulce, Dom Oscar Romero, Chico Mendes, Ir. Doroti e outros.

- ✝ Converse com os catequizandos sobre a vida dessas pessoas: Quem são? O que fizeram? Onde moravam? Quais trabalhos realizavam? Por que estão em destaque?

- ✝ Deixe que os catequizandos expressem seus sentimentos sobre o que conversaram. Diga que essas pessoas são especiais porque realizaram, em nosso tempo, o papel dos profetas de ontem: anunciaram a vontade de Deus e denunciaram as injustiças cometidas contra as pessoas.

- ✝ Mostre que as profecias de Isaías e de todos os profetas bíblicos estão valendo ainda hoje, no que diz respeito à necessidade de conversão, do combate às injustiças e da esperança no Deus Salvador.

- ✝ Na atividade 2, sugira aos catequizandos escreverem uma carta a Deus denunciando uma injustiça social hoje. Peça que falem nesta carta que ainda temos esperança de mudar a situação. É importante motivá-los a serem espontâneos e sinceros no que escreverão.

- ✝ Promova a partilha da carta dos catequizandos. Destaque as atitudes de esperança. Lembre-os de que fé e esperança caminham juntas. Quando nosso olhar é guiado pelo amor e nos deixamos interpelar pela fé nos acontecimentos, sabemos também acolher os sinais de esperança que acompanham a presença de Deus em nossas vidas. Por isso confiamos em Deus Criador, no Espírito Santo que move tudo para o bem, em Jesus que espera cada pessoa na felicidade.

CRESCER NA ORAÇÃO

- Oriente e encaminhe a oração, recitando o Salmo 2,7-8.

CRESCER NO COMPROMISSO

- Motive os catequizandos a assumirem o compromisso em relação ao que aprenderam na catequese, começando por sua própria vida ao procurar:
    - Combater as injustiças: na escola, com os amigos, em casa...
    - Anunciar a Boa-Nova: encorajar os pais, os irmãos e os amigos nas horas de dificuldade; ensinar a vida de Jesus a outras pessoas...

- Peça que registrem o compromisso em seus livros. É importante que você os conscientize de que devemos ter a esperança de mudar a situação de muitas pessoas.

19 MARIA, A MÃE DO SALVADOR

> **Objetivo**
> Reconhecer que Deus escolheu Maria para ser a mãe de Jesus, nosso Salvador, e nossa mãe, e que seu "sim" deve ser também o "sim" de todos nós.

LEITURA ORANTE

- Prepare-se para este encontro rezando o texto: Lc 1,28-38.

- Reflita: Quais são as mensagens do anjo à Maria? Considerando que a alegria é um dos elementos da vivência do anúncio à Maria, como você a tem expressado na missão que realiza?

- Contemple por alguns instantes uma imagem ou uma ilustração de Nossa Senhora. Medite sobre as consequências do "sim" de Maria.

- Entoe um canto que você lembra que mencione Nossa Senhora e seu "sim" a Deus.

- Reze uma Ave-Maria por todos os seus catequizandos e familiares, para que saibam também dizer "sim" a Deus, assim como fez Maria.

FUNDAMENTAÇÃO PARA O CATEQUISTA

É no Evangelho de Lucas, escrito entre os anos 75 e 90, que obtemos mais informações sobre Maria. O evangelista fala dela e do que aconteceu com ela, com extrema simplicidade. Em Lucas 1,26-28, o chamado de Maria inicia-se com a visita do anjo Gabriel, enviado por Deus: "Ave, cheia de graça!".

A palavra "graça" é acompanhada por uma frase singular: "O Senhor está contigo". Isso significa que Maria terá apoio incondicional para realizar o que Deus espera dela.

Com essas palavras, Maria "perturbou-se", é verdade, diante do inesperado de sua vocação. Mas, generosa e reflexiva, soube dialogar com o mensageiro, procurando entender por que ela seria a favorecida de Deus. Gabriel a reanima, pedindo que não temesse, pois Deus a havia escolhido, não como privilégio, mas como agraciada com a maternidade messiânica: "Eis que conceberás e darás à luz um filho...".

Maria compreende o que se realizará por intermédio dela, mas sua atitude disponível e responsável a leva a perguntar como isso se dará. O anjo responde que sua maternidade acontecerá por obra do Espírito Santo. Tomando consciência de que para Deus nada é impossível, ela abre seu coração e, de seus lábios, brota a resposta definitiva: "Faça-se em mim segundo a tua palavra". Esta atitude de Maria é o ápice de sua vocação, manifestada na vontade de cumprir prontamente o que o Senhor anunciou.

A partir desse momento, o Salvador tão esperado está entre nós, homem como nós, nosso irmão. Maria, a primeira a crer em Jesus como Filho de Deus e Salvador do mundo, por sua vontade e entrega confiante, alegre, total e irrestrita à vontade de Deus, torna-se mãe de Cristo. Concebe-o em seu coração antes de concebê-lo em seu ventre. Ela é o modelo dos que ouvem e praticam a Palavra de Deus, como dirá mais tarde o próprio Jesus: "Minha mãe e meus irmãos são aqueles que ouvem a Palavra de Deus e a põem em prática" (Lc 8,21).

Cada um de nós tem "suas anunciações", momentos privilegiados em que somos postos diante dos acontecimentos a que devemos dar respostas. Qual a nossa resposta? De amor generoso e alegre como o de Maria ou é uma resposta medrosa, hesitante, desconfiada, deixada para depois? Quando Deus nos chama, devemos responder logo porque alguém está precisando de nós; pois Deus, quando nos chama, está nos enviando em missão junto aos nossos irmãos.

O ENCONTRO

MATERIAIS

- ✓ Bíblia e uma vela.
- ✓ Imagem de Nossa Senhora.
- ✓ Uma flor para cada catequizando.
- ✓ Um vaso.

PARA INICIAR O ENCONTRO

- Inicie fazendo memória deste bloco. Davi surge como uma resposta de Deus ao povo pelo distanciamento do seu projeto. Assim também surgem os profetas, pois novamente o povo de Deus havia se distanciado do seu projeto. Surge a necessidade de Deus intervir mais uma vez, e assim Maria passa a fazer parte do seu plano de amor para o ser humano. Maria diz "sim" a Deus, e Jesus, o Messias esperado, nasce.

- Lembre-os de que toda a caminhada de catequese que eles fizeram destaca a espera do Messias, d'Aquele que viria para salvar o povo. Jesus é esperado como o grande profeta de Deus.

- Comente que hoje vamos falar sobre Maria, a Nossa Senhora. Pergunte se conhecem alguma história da vida de Nossa Senhora.

CRESCER COM A PALAVRA

- Destaque que neste encontro falaremos de Maria como mãe de Jesus e nossa mãe, aquela que com seu "sim" ajudou Deus a cumprir o seu plano de amor por nós. Por isso ela é amada em nossa comunidade-Igreja e por todos os cristãos.

- Comente que quando queremos bem uma pessoa, nós a acolhemos com todo o carinho. Hoje vamos acolher em nosso espaço de catequese a imagem de Nossa Senhora.

- Oriente um catequizando a caminhar com a imagem de Nossa Senhora pela sala do encontro de catequese e depois colocá-la na mesa, previamente preparada.

- Incentive para uma calorosa acolhida à Nossa Senhora. Podem bater palmas. Destaque que com essa acolhida queremos dizer que ela é bem-vinda em nossa catequese.

- Motive para o acendimento da vela.

- Leve os catequizandos a contemplarem a imagem de Nossa Senhora. Peça que Maria nos dê coragem e alegria para vencer as dificuldades. Motive para rezarem juntos a Ave-Maria.

- Leia o texto de Lc 1,28-38, solicitando aos catequizandos que acompanhem a leitura em suas Bíblias.

- Faça um momento de silêncio para pensarem no texto lido. Cada um, agora, vai dizer ou ler a parte do texto de que mais gostou. Depois encaminhe para a atividade 1, pedindo que leiam novamente o texto em suas Bíblias e escrevam em seus livros a frase que mais os marcou. Solicite que todos leiam o que escreveram.

- Na atividade 2, promova a conversa sobre as perguntas: Que lugar Maria ocupa em nossas vidas, em nossas famílias? Como Maria nos ajuda a sermos mais amigos de Jesus?

- Na atividade 3, motive-os a escrever no desenho do coração algumas qualidades que admiram na mãe deles (ou na pessoa que cuida deles). Depois convide cada um, ou alguns, para ler suas respostas.

- Comente com os catequizandos as qualidades de uma boa mãe. Deixe-os compartilhar suas opiniões.

- Mencione o texto no livro dos catequizandos sobre a responsabilidade de ser mãe e as qualidades que esse importante papel exige. Depois explore que Deus buscou Maria para ser a mãe de seu Filho, observando as suas qualidades para desempenhar essa missão. Destaque que Maria, como todas as pessoas de seu tempo, aguardava, na oração, na leitura e na reflexão da Palavra de Deus, o Messias que estava para chegar. E foi exatamente ela que Deus escolheu para ser a mãe de seu Filho Jesus.

- Seguindo o texto no livro dos catequizandos, explore as informações de Maria e suas qualidades: simplicidade, piedade, amor a Deus, acolhimento, capacidade de ajudar os outros em todas as situações...

- Retome o assunto do texto bíblico de quando Maria foi surpreendida pelo anjo Gabriel, que lhe trouxe o convite de Deus para a grande missão de ser a mãe do Salvador. Comente como ela teria se sentido naquele momento. Destaque a coragem de Maria ao dizer "sim" de todo coração à proposta de Deus e ao se colocar totalmente a serviço do Senhor.

- ✝ Oriente para a realização da atividade 4, solicitando para que respondam em seus livros: Quando nós dizemos "sim" ao plano de Deus, como fez Maria?

- ✝ Na atividade 5, peça que respondam quem são as mulheres da comunidade que colaboram para o bem dos outros, escrevendo os seus nomes e o que elas fazem.

- ✝ Destaque que, após o anúncio do anjo Gabriel, Maria foi visitar sua prima Isabel que estava grávida. Logo que Isabel a viu, reconheceu nela a mãe do Salvador prometido e exclamou: "Que felicidade para mim! Receber em minha casa a mãe do meu Senhor".

- ✝ Comente que a visita foi um gesto de Maria para ajudar Isabel, e que, a partir de seu "sim", ela se tornou a portadora da Boa Notícia de Deus para a vida da prima. Nela se cumpria o seu projeto de enviar o Messias esperado e desejado pelo povo.

CRESCER NA ORAÇÃO

- Encaminhe e oriente a oração dividindo os catequizando em dois grupos.

CRESCER NO COMPROMISSO

- Reflita com os catequizandos sobre Maria responder ao anjo Gabriel com uma frase meio complicada. Ela queria dizer mais ou menos o seguinte: "Estou à disposição de Deus. Quero que aconteça em mim tudo isso que você falou".

- Motive-os a refletir com suas famílias sobre um gesto que pode ajudá-los a dizer "sim" ao plano de Deus, assim como fez Maria. Peça que escrevam que gesto seria esse.

Encontro celebrativo

PROFETAS, MENSAGEIROS DE DEUS

20

Objetivo

Identificar que Deus escolhe algumas pessoas que nos ajudam a entender os acontecimentos à nossa volta e a perceber sua vontade.

LEITURA ORANTE

- Prepare-se para esta celebração rezando o texto: Jr 1,4-10.17-19.

- Reflita: No versículo 10, Deus diz a Jeremias que sua missão é "arrancar para derrubar, devastar e destruir, para construir e para plantar". Medite sobre cada uma dessas palavras e a relação delas com sua vida.

- Reze a Deus uma oração espontânea pedindo a graça de ser um profeta nos dias de hoje, sendo um mensageiro da Palavra de Deus.

- Releia o versículo 19 e encerre sua oração com o desejo de que Deus sempre esteja com você.

FUNDAMENTAÇÃO PARA O CATEQUISTA

Por meio dos profetas, Deus forma seu povo na esperança da salvação e na expectativa de uma aliança nova e eterna destinada a toda a humanidade, que será impressa em seus corações. Os profetas anunciam uma redenção radical do povo de Deus, a purificação de todas as suas infidelidades, uma salvação que incluirá todas as nações. Serão, sobretudo, os pobres e os humildes do Senhor os portadores desta esperança (CIgC, n. 64). Os profetas chamam à conversão do coração, buscando ardentemente a face de Deus (CIgC, n. 2595).

Pelo sacramento do Batismo, somos configurados na tríplice missão de Jesus, isto é, sacerdote, profeta e rei. Mas o que é ser profeta hoje? Essa experiência que acompanha o cristão não implica ser um "visionário", alguém que prevê o futuro com profecias "mágicas", e sim ser escolhido e enviado por Deus para exercer uma missão orientada. O profeta não se torna autônomo, no sentido de proferir o que deseja, o que lhe agrada, ou aquilo que os ouvintes desejam escutar, mas é alguém imbuído do Espírito de Deus para falar das coisas a partir do Senhor.

Neste processo de ser um profeta hoje ocorrerão rejeições, pois a Palavra da verdade, pronunciada com amor, coragem e sinceridade, torna-se algo que interfere na vida e nas ações das pessoas. E nem todos estão dispostos a ouvi-la. O profeta será um personagem rejeitado e questionado, tendo de encontrar a força e a missão no próprio Deus que estimula, fortalece e reitera que é preciso anunciar a verdade.

Estamos em uma realidade na qual muitos se fecham ou são indiferentes à Palavra de Deus. Ela nunca foi totalmente aceita pelo povo. A profecia nos conduziu a perceber que, antes de Cristo, houve uma grande rejeição ao projeto do Senhor. Inclusive o povo de Deus será chamado de "raça de rebeldes", pois ele rejeita a verdade para continuar vivendo com base em seus princípios e desejos.

Contudo, é preciso ter claro que jamais podemos omitir a verdade de Deus para a humanidade. Tendo clareza de que seremos rejeitados por muitos, somos chamados por Deus e enviados por Ele a mostrar ao mundo a sua identidade plena e verdadeira, da qual brota o encontro com a vontade de Deus. Com coragem e muita fé, movidos pelo Espírito do Senhor, mostremos ao mundo aquilo que é a plenitude do ser humano, isto é, a comunhão com a Palavra de Deus, na qual encontramos a luz que ilumina todo o nosso ser e a nossa história, sendo profetas, mensageiros de Deus.

A CELEBRAÇÃO

MATERIAIS

✓ Pedras, ramos secos, pequenas placas de papel para escrever algumas palavras (por exemplo: sofrimento, pobreza, drogas, guerra, egoísmo, violência...), vaso para flores, uma flor para cada uma das palavras que serão escritas nas placas e suporte para colocar a Bíblia em destaque.

PREPARANDO A CELEBRAÇÃO

- Construa um caminho colocando nele pedras, ramos secos e as placas com as palavras sugeridas ou outras.

- Organize o vaso com as flores; uma flor para cada palavra escrita nas placas. No momento do ato penitencial, as placas serão trocadas pelas flores.

- No centro do caminho, coloque o suporte sobre o qual ficará a Bíblia.

ACOLHIDA

Catequista: Queridos catequizandos, nesta celebração recordamos que a criação do mundo, a escolha do povo na pessoa de Abraão, a aliança com Moisés no deserto, os fatos da época dos reis, dos profetas e de Maria, fazem descobrir o Deus Libertador e Criador, o Deus presente que caminha com seu povo, fiel à aliança. E vão transmitindo aos filhos e netos, primeiro de boca em boca, mais tarde por escrito, na Bíblia, esta certeza: Deus caminha conosco! Hoje lembramos pessoas que foram escolhidas e chamadas por Deus para falar em seu nome. Unidos na gratidão ao nosso Deus por esse gesto de amor por nós, iniciemos: Em nome do Pai e do Filho e do Espírito Santo.

Todos: Amém.

Catequizando: Deus coloca algumas pessoas em nossas vidas para nos ajudar a entender qual o seu plano de amor por nós e como devemos caminhar para sermos sempre felizes, assim como Ele quer.

ATO PENITENCIAL

Catequista: Sabendo que toda autoridade vem de Deus, o profeta de hoje deve ser porta-voz do bem-estar social e da defesa da dignidade da vida. O profeta é aquele que fala com a autoridade de Deus e é abençoado por Ele. O verdadeiro profeta enxerga o presente com os olhos de Deus e consegue ler nos acontecimentos a vontade d'Ele. Por isso pode dar voz às suas palavras!

Catequizando: O povo escolhido muitas vezes esqueceu a aliança com Deus e deixou de fazer a sua vontade. Os profetas, cheios do Espírito do Senhor e inspirados por Ele, anunciavam a Palavra de Deus com muita coragem.

Todos: A Palavra do profeta é interiorizada na vida e provoca mudanças, conversão e justiça.

Catequista: Os profetas vivem conforme a vontade de Deus e têm coragem de denunciar as injustiças, defender os pobres, criticar as opressões, construir a fraternidade.

Todos: O profeta sente o peso da sua missão. Tem consciência de que não fala em seu nome, mas em nome de Deus. Enfrenta obstáculos e provações.

Motive para que observem o caminho e cada palavra que está escrita nas placas. Peça aos catequizandos que pensem em atitudes que podem ser proféticas em relação a essas tristes realidades. Oriente para que peguem uma flor do vaso e a troquem por uma palavra, mencionando qual foi a escolhida.

PROCLAMAÇÃO DA PALAVRA

Catequista: A Bíblia nos apresenta vários profetas. Alguns escreveram muito, outros escreveram pouco, mas todos trouxeram a voz de Deus ao povo. Hoje vamos celebrar o amor de Deus por nós recordando o profeta Jeremias.

Canto

Leitor: Leitura do Livro do Profeta Jeremias 1,4-10.17-19.

Leitor: Palavra do Senhor.

Todos: Graças a Deus.

REFLEXÃO SOBRE A PALAVRA

Catequista: Deus se revela a Jeremias e lhe dá a missão de destruir, arrancar e plantar a justiça divina (Jr 1,10). Jeremias, ainda muito jovem quando foi chamado por Deus para ser profeta, diz que não sabe falar.

Catequizando 1: "Ah! Senhor Deus, eis que eu não sei falar, porque ainda sou uma criança" (Jr 1,6).

Catequista: E Deus mesmo lhe diz: "Não tenhas medo deles, para que eu não te aterrorize à vista deles" (Jr 1,17). "Antes mesmo de te formar no ventre materno, eu te conheci; antes que saísses do seio, eu te consagrei. Eu te constituí profeta para as nações" (Jr 1,5). Ele não se sentiu preparado para essa missão, mas aceitou a vontade de Deus e começou a profetizar, advertindo o povo sobre as destruições que um inimigo poderoso iria provocar.

Destaque para os catequizandos: O que aprendemos com Jeremias? Promova a reflexão sobre as atitudes de Jeremias e a interação com a vida dos catequizandos.

Catequista: Deus, quando chama alguém, é porque este já é íntimo seu: "Antes mesmo de te formar no ventre materno, eu te conheci; antes que saísses do seio, eu te consagrei" (Jr 1,1-5). Com essas palavras, Jeremias narra a sua experiência de Deus.

Todos: A missão profética e sua realização confirmam o chamado.

Catequizando 2: Jeremias tem consciência de que ele é um consagrado para a missão profética: "Eu te consagrei" (Jr 1,5b). Por isso ele não sabe fazer outra coisa senão ser profeta.

Todos: O profeta é porta-voz de Deus (Jr 1,7).

Catequista: Jeremias terá que falar em nome de Deus, e em sintonia com o povo ao qual ele foi enviado. E Deus estará com ele sempre. Suas palavras são colocadas em sua boca, de modo que fale em nome d'Ele (Jr 1,10).

Todos: O profeta é abençoado por Deus.

Catequista: Numa comunidade cristã, Deus chama pessoas para serem profetas hoje. Cada pessoa deve alimentar sua vocação profética, sendo um mensageiro de Deus fazendo os outros felizes. Você está colaborando neste sentido, na sua comunidade, na sua escola, na sua família?

Reflita sobre como ser um profeta, mensageiro de Deus.

ORAÇÃO

Catequista: Deus precisa de homens e mulheres que sejam a sua voz, pois Ele quer falar por meio de nós.

Todos: Deus nos chama a ser profetas hoje, em nossa cidade, em nossa família, em nossa escola.

Catequizando: Nossa vida segue adiante como um caminho que percorremos com a ajuda dos irmãos, dos santos e dos profetas. Estes últimos nos ajudam a atravessar as dificuldades com confiança e esperança, porque apontam sempre para nosso Cristo e Senhor!

Catequista: Vamos fazer nossa oração a Deus, agradecendo e suplicando. Rezemos juntos:

Todos: Senhor nosso Deus, nós queremos agradecer porque, por amor, enviaste profetas que nos trouxeram tua vontade. Queremos agradecer também porque nos enviaste teu Filho Jesus, que nos ensinou que cuidas de nós durante todo o tempo. E nós te pedimos, Senhor, para que sejamos corajosos e confiantes como Jeremias e os outros profetas, para anunciar teu plano de amor em todos os lugares por onde caminharmos. Amém!

Canto

LISTA DE SIGLAS E ABREVIATURAS

AL – Exortação apostólica *Amoris Laetitia*

CNBB – Conferência Nacional dos Bispos do Brasil

CIgC – Catecismo da Igreja Católica

CR – Catequese Renovada

ChV – Exortação apostólica *Christus Vivit*

DC – Diretório para a Catequese

DCE – Carta Encíclica *Deus Cáritas Est*, sobre o amor cristão

DV – Constituição dogmática *Dei Verbum*

DOCAT – Doutrina Social da Igreja

DAp – Documento de Aparecida

DGAE – Diretrizes Gerais da Ação Evangelizadora da Igreja no Brasil 2019-2023

EG – Exortação apostólica *Evangelium Gaudium*

EM – Decreto *Ecclesia Mater*

FT – Carta encíclica *Fratelli Tutti*

GeE – Exortação apostólica *Gaudete et Exsultate*

GS – Constituição pastoral *Gaudium et Spes*

LG – Constituição dogmática *Lumen Gentium*

LS – Carta encíclica *Laudato Si'*

MC – Exortação apostólica *Marialis Cultus*

MV – Bula de proclamação do jubileu da misericórdia *Misericordiae Vultus*

RM – Carta encíclica *Redemptoris Mater*

RICA – Ritual da Iniciação Cristã de Adultos

SC – *Sacrosanctum Concilium*

REFERÊNCIAS

BENTO XVI. *Verbum Domini*: Exortação apostólica pós-sinodal sobre a Palavra de Deus na vida e na missão da Igreja. Edições CNBB, 2010.

CATECISMO *da Igreja Católica*. Petrópolis: Vozes, 1993.

CELAM. *Documento de Aparecida*: texto conclusivo da V Conferência Geral do Episcopado Latino-Americano e do Caribe. Brasília: CNBB, 2007.

CNBB. *Catequese renovada*: orientações e conteúdo. São Paulo: Paulinas, 1983. (Documento n. 26).

CNBB. *Cristãos leigos e leigas na Igreja e na sociedade*: sal da Terra e luz do mundo. Brasília, Edições CNBB, 2016. (Documento n. 105).

CNBB. *Diretório Nacional de Catequese*. 4. ed. Brasília, Edições CNBB, 2019. (Documento n. 84).

CNBB. *Discípulos e servidores da Palavra de Deus na missão da Igreja*. Brasília: Edições CNBB, 2012. (Documento n. 97).

CNBB. *Iniciação à Vida Cristã*: itinerário para formar discípulos missionários. Brasília: Edições CNBB, 2019. (Documento n. 107).

CNBB. *Sou católico*: vivo a minha fé. Brasília: Edições CNBB. 2007.

CNBB. *Textos e manuais de catequese*. 4. ed. São Paulo: Paulus, 2003. (Estudos da CNBB n. 53).

COMPÊNDIO *do Concílio Vaticano II*: constituições, decretos e declarações. 29. ed. Petrópolis: Vozes, 2000.

CONGREGAÇÃO PARA O CULTO DIVINO. *Missal Romano*. 12. ed. São Paulo: Paulus,1997.

JOÃO PAULO II. *Exortação apostólica Catechesi Tradendae*. São Paulo: Paulinas, 1982.

PAPA FRANCISCO. *Amoris Laetitia*: Exortação apostólica pós-sinodal sobre o amor na família. Brasília: Edições CNBB, 2016.

PAPA FRANCISCO. *Evangelii Gaudium*: Exortação apostólica sobre o anúncio do Evangelho no mundo atual. Brasília: Edições CNBB, 2013.

PAPA FRANCISCO. *Exortação apostólica pós-sinodal Querida Amazônia*. Brasília: Edições CNBB, 2020.

PAPA FRANCISCO. *Fratelli Tutti*: Carta encíclica sobre a fraternidade e a amizade social. Brasília: Edições CNBB, 2020.

PAPA FRANCISCO. *Gaudete et Exsultate*: Exortação apostólica sobre o chamado à santidade no mundo atual. Brasília: Edições CNBB, 2018.

PAPA FRANCISCO. *Laudato Si'*: Carta encíclica sobre o cuidado da casa comum. Brasília: Edições CNBB, 2015.

PAPA FRANCISCO. *Lumen Fidei*: Carta encíclica sobre a fé. Brasília: Edições CNBB, 2013.

PAULO VI. *Evangelii Nuntiandi*: Exortação apostólica sobre a evangelização no mundo contemporâneo. São Paulo: Paulinas, 1976.

PAULO XI. *Dei Verbum*: Constituição dogmática sobre a revelação divina. 18 de novembro de 1965. Disponível em: https://www.vatican.va/archive/hist_councils/ii_vatican_council/documents/vat-ii_const_19651118_dei-verbum_po.html. Acesso em: 2 ago. 2021.

PAULO XI. *Gaudium et Spes*: Constituição pastoral. 7 de dezembro de 1965. Disponível em: https://www.vatican.va/archive/hist_councils/ii_vatican_council/documents/vat-ii_const_19651207_gaudium-et-spes_po.html. Acesso em: 16 ago. 2021.

PONTÍFICIO CONSELHO PARA A PROMOÇÃO DA NOVA EVANGELIZAÇAO. *Diretório para a catequese*. Brasília: Edições CNBB, 2020.

PUPPO, D. R. *Catequese... sobre o que estamos falando?* Petrópolis: Vozes, 2018.

PUPPO, D. R. *Celebrações no itinerário catequético... sobre o que estamos falando?* Petrópolis: Vozes, 2020.

RAMIREZ, J. G. *Elementos básicos de didática catequética*. Petrópolis: Vozes, 2009.

SBARDELOTTO, M. *Comunicar a fé*. Petrópolis: Vozes, 2020.

XAVIER, D. R. *Deus, onde estavas quando precisei de ti?* Petrópolis: Vozes, 2020.

Anotações

Conecte-se conosco:

 facebook.com/editoravozes

 @editoravozes

 @editora_vozes

 youtube.com/editoravozes

 +55 24 2233-9033

www.vozes.com.br

Conheça nossas lojas:

www.livrariavozes.com.br

Belo Horizonte – Brasília – Campinas – Cuiabá – Curitiba
Fortaleza – Juiz de Fora – Petrópolis – Recife – São Paulo

    Vozes de Bolso

EDITORA VOZES LTDA.
Rua Frei Luís, 100 – Centro – Cep 25689-900 – Petrópolis, RJ
Tel.: (24) 2233-9000 – E-mail: vendas@vozes.com.br